Produktionspraxis 7
hrsg. von Bastian Clevé

Markus Yagapen

Filmgeschäftsführung

Bleicher Verlag

Die Deutsche Bibliothek – CIP-Einheitsaufnahme

Yagapen, Markus:
Filmgeschäftsführung / Markus Yagapen. Hrsg.: Bastian Clevé. –
1. Aufl. – Gerlingen : Bleicher, 2001
(Produktionspraxis ; Bd. 7)
ISBN 3-88350-909-4

Umschlagentwurf: Christa Gnädig, Bleicher Verlag
Druck und Weiterverarbeitung: Maisch + Queck, Gerlingen
ISBN 3-88350-909-4

Inhaltsverzeichnis

Vorwort

Wer das Büro eines Filmgeschäftsführers betritt, spürt zunächst wenig von der Magie, von der die Welt des Films üblicherweise umgeben ist. Hier sieht es eher aus wie bei einem Steuerberater, der gerade versucht, tausend Dinge gleichzeitig zu erledigen. Inmitten der Papierstapel, die zwischen Telefon, Rechenmaschine und Computer verteilt sind, liegt manchmal auch ein Ordner, der schon etwas älter und abgegriffener aussieht als die anderen. Hier werden keine Belege abgeheftet und dieser Ordner hat auch nichts mit der Produktionsfirma zu tun. Es handelt sich vielmehr um eine wertvolle persönliche Sammlung, die der Filmgeschäftsführer immer mit sich herumschleppt und die von Produktion zu Produktion immer dicker wird. In diesen – manchmal liebevoll »Bibel« genannten – Unterlagen finden sich alle Informationen, die für die praktische Arbeit des Filmgeschäftsführers von Bedeutung sind. Mehr oder weniger systematisch eingeordnet stehen hier Namen und Telefonnummern, Gesetzestexte und Vorschriften, Kontenrahmen und Kostenartentabellen, Checklisten und Formulare und noch viele andere Quellen immer zur Verfügung, wenn man sie braucht.
Ziel des vorliegenden Buches ist es, derartiges Praxiswissen auch denjenigen Mitarbeitern zugänglich zu machen, die gerade als Nachwuchs-Filmgeschäftsführer oder Assistent in diesen Beruf eingestiegen sind sowie allen Menschen, die sich aus anderen Gründen für dieses facettenreiche Berufsbild interessieren. Den erfahrenen Filmgeschäftsführern möge dieses Handbuch als übersichtliches Nachschlagewerk dienen.
Die Inhalte sind nach bestem Wissen und Kenntnisstand erstellt worden. Wegen der Dynamik dieses Fachgebiets, insbesondere aufgrund der häufigen Änderungen und Anpassungen von Regelungen und Gesetzen, kann für die Aktualität bzw. Richtigkeit der folgenden Informationen keine Haftung übernommen werden. Es ist jedoch vorgesehen, dass Veränderungen, die sich in Zukunft ergeben werden, und Entwicklungen, die den Beruf des Filmgeschäftsführers betreffen, unter der Adresse *http://www.Filmgeschaeftsfuehrer.de* im Internet veröffentlicht werden. Auch eine Jobbörse für Filmgeschäftsführer, Kassierer, Assistenten und Praktikanten wird hier zu finden sein.

Mein besonderer Dank gilt Herrn Prof. Bastian Clevé, der anlässlich meiner Vorlesungen an der Filmakademie Baden-Württemberg die Idee hatte, dieses Buch herauszugeben. Sehr dankbar bin ich ebenfalls Herrn Hubert Brand für seine Unterstützung bei Recherche- und Schreibarbeiten sowie Herrn Michael Mahler für das gewissenhafte Korrekturlesen des Manuskripts. Nicht zuletzt danke ich meiner lieben Frau Françoise, die mich bei der Arbeit an diesem Buch ebenfalls sehr unterstützt hat.

Schließlich möchte ich noch darauf hinweisen, dass in diesem Buch immer vom Filmgeschäftsführer die Rede ist, so als gäbe es überhaupt nur männliche Mitarbeiter in diesem Beruf. Selbstverständlich ist dies nicht der Fall. Anders als in anderen Bereichen sind Frauen zahlenmäßig auch nicht unterrepräsentiert. Im Jahrbuch des Bundesverbandes Produktion (Ausgabe 2000 / 2001) finden sich sogar elf Filmgeschäftsführerinnen, aber nur drei Filmgeschäftsführer. Auch in den zahlreichen Aus- und Weiterbildungsseminaren, die ich in den letzten Jahren abgehalten habe, befanden sich in der Regel mindestens ebenso viele Frauen wie Männer. Dass ich dennoch den Begriff Filmgeschäftsführer verwende, dient nur der sprachlichen Vereinfachung.

Köln, im November 2000 *Markus Yagapen*

1 Einführung

Film ist weit mehr als der altbekannte Zelluloidstreifen. Film ist ein Kommunikationsmedium für die Massen, eine Mischung aus Kultur- und Wirtschaftsgut. Von Wirtschaftsgut kann man deshalb sprechen, weil der Film kopierbar und reproduzierbar ist. Die Medienbranche ist weltweit zu einem wichtigen Wirtschaftsfaktor geworden und hat auch auf die Politik Einfluss genommen. Manchmal werden Medienmanager sogar Politiker wie z.B. Silvio Berlusconi in Italien.

Aber auch in Deutschland ist die Film- und Fernsehwirtschaft eng mit zahlreichen politischen und gesellschaftlichen Faktoren verknüpft. Durch diese außerordentliche Rolle, die Film und Fernsehen in vielen Lebensbereichen spielen, ergeben sich für die Branche mit wachsender Bedeutung auch steigende Bedürfnisse nach verbesserten Strukturen in den Bereichen Organisation, Finanz- und Personalmanagement.

Klein- und mittelständische Produktionsunternehmen richteten früher ihr Augenmerk vorwiegend auf die künstlerische Qualität und den Prozess der Filmherstellung selbst. Was die Finanzen betraf, verließ man sich auf den Steuerberater, der angesichts der komplexen Sachverhalte und Spezialkenntnisse, die in der Filmbranche erforderlich sind, rasch an seine Grenzen stieß. Als Ergebnis stand dann oft ein künstlerisch ausgereifter Film im Scheinwerferlicht, doch im Schatten und zunächst unsichtbar, wurde finanzielles Chaos hinterlassen, wie sich später bei Betriebsprüfungen durch das Finanzamt und der Sozialversicherungsträger herausstellte. Nicht selten führte dies zu einem plötzlichen Ende einer ambitionierten Filmproduktionsfirma.

Heutzutage steht der Wunsch des Filmproduzenten, mit seinen Filmen Gewinne zu erwirtschaften, im Vordergrund, wie gerne wäre man sogar von Sendern und Filmförderungsanstalten unabhängig! In der Tat setzen sich neue Formen der Finanzierung wie beispielsweise durch Fonds oder über einen Börsengang immer mehr durch.

Es versteht sich von selbst, dass angesichts dieser Professionalisierung in allen Bereichen der gesamte Herstellungsprozess einer akribischen finanziellen Kontrolle unterstellt werden muss. Um also den Wettbewerbsbedingungen und dem Wirtschaftsumfeld gerecht zu werden, ist es unbedingt erforderlich, die buchhalterische Verantwortung für die ordnungsgemäße Abwicklung eines Filmprojektes in die Hände eines guten Filmgeschäftsführers zu legen.

2 Das Berufsbild des Filmgeschäftsführers

2.1 Aufgaben und Tätigkeiten

2.1.1 Aufgaben

Als Filmgeschäftsführer oder »Production Accountant« bezeichnet man einen Mitarbeiter, der bei Film- und Fernsehproduktionen die finanzielle und buchhalterische Abwicklung übernimmt. In enger Zusammenarbeit mit der Produktionsleitung verwaltet er das Budget des Filmvorhabens und sorgt für die ordnungsgemäße Kostenzuordnung. Durch eine zeitnahe Verarbeitung der Belege und durch die Erstellung aktueller Kostenstände schafft er ein wirksames Instrument zur Kostenkontrolle. Der Filmgeschäftsführer ermittelt regelmäßig den Finanzbedarf und ermöglicht so die zuverlässige Begleichung der Verbindlichkeiten. Er ist für Gagen- und Honorarzahlungen zuständig und damit auch ein wichtiger Ansprechpartner in Personalangelegenheiten für das gesamte Team. Nach Beendigung der Produktion übernimmt er die finanzielle Abwicklung bis zur Ermittlung des Endkostenstandes.
Während des gesamten Verlaufs der Produktion und oft auch noch darüber hinaus sorgt er für eine steuerrechtlich einwandfreie Finanzbuchhaltung und sozialversicherungsrechtlich korrekte Lohnbuchhaltung. Erst nach Abschluss aller Prüfungen ist bekannt, ob der vorgegebene Kostenrahmen eingehalten wurde.

2.1.1.1 Besonderheiten der Finanzbuchhaltung

Der Filmgeschäftsführer muss in der Lage sein, sich schnell auf die vorgegebenen Kontenrahmen der Finanzbuchhaltung des jeweiligen Produktionsunternehmens einzustellen und hat für eine reibungslose Schnittstelle zwischen Projekt- und Hauptbuchhaltung zu sorgen. Anders als in einigen Branchen gibt es hier noch keine einheitlichen Standards.
Vergleicht man ein durchschnittliches mittelständisches Industrie- oder Dienstleistungsunternehmen mit einer Filmproduktionsfirma, stellt man fest, dass die Anzahl der zu verarbeitenden Belege und der Umfang der organisatorischen Anforderungen erheblich voneinander abweichen. Während man normalerweise mit einem meist gleich bleibenden Kreditorenstamm von etwa 20 bis 50 Lieferanten rechnen kann, wechseln beim Film die Lieferanten ständig, so dass man schnell auf 100 bis 150 Kreditoren kommt. Auch der Umfang der Barzahlungsvorgänge ist bei Filmproduktionen wesentlich höher. Während sich allgemein der bargeldlose Zahlungsverkehr weitgehend durchgesetzt hat, so dass im Monat nur noch wenige Kassenbelege übrig bleiben, ist es bei Filmproduktionen immer noch üblich und oft auch notwendig, eine große Anzahl von

Geschäftsvorfällen bar abzuwickeln, was bei einer durchschnittlichen Spielfilmproduktion zu mehr als 1000 Kassenbelegen pro Monat führen kann. Das hat zur Folge, dass neben dem Filmgeschäftsführer ein Kassierer für die gesamte Drehzeit notwendig wird und auch voll ausgelastet ist.

2.1.1.2 Besonderheiten der Lohnbuchhaltung

Da sich bei herkömmlichen Wirtschaftsunternehmen die Anzahl der Mitarbeiter im Verlauf des Jahres meist nicht wesentlich ändert, können die monatlichen Vorgänge in der Lohnbuchhaltung standardisiert ablaufen. Bei einem Filmprojekt dagegen müssen je nach Größe oft bis zu hundert Personen für einen kurzen Zeitraum von wenigen Wochen eingestellt und bei den Krankenkassen an- und abgemeldet werden. Abgesehen von diesem hohen Arbeitsaufwand sind außerdem noch zahlreiche, für die Filmbranche typische Sonderfälle korrekt abzuwickeln wie die Abrechnung von kurzfristigen, geringfügigen und unständig Beschäftigten.

2.1.1.3 Besonderheiten der Kostenrechnung

Während der Produktionsphase hat der Filmgeschäftsführer im Bereich Kostenrechnung die Aufgabe, die kalkulierten Kosten den Ist-Daten gegenüberzustellen. Dabei müssen die Kosten detailliert auf etwa 300 Kostenarten verteilt und gebucht werden. Eine Vielzahl von Auswertungen dieser Daten ist zu erstellen, besonders wenn die Finanzierung des Films mit Hilfe von verschiedenen Fördermitteln oder Koproduzenten zustande gekommen ist und jedem Finanzier separat Rechenschaft abgelegt werden muss.

Der zeitnah vom Filmgeschäftsführer anzufertigende aktuelle Kostenstand des Projekts ermöglicht dem Produktionsleiter, während der Dreharbeiten entsprechende regulierende Entscheidungen zu treffen, damit die kalkulierten Kosten auch durch Auswirkungen unvorhergesehener Ereignisse nicht unkontrolliert überschritten werden.

2.1.2 Tätigkeiten

Der Filmgeschäftsführer wird im Idealfall bereits in einer frühen Phase des Filmprojekts hinzugezogen, dabei erstellt er realitätsnahe Finanz- und Liquiditätspläne und sorgt durch gute Vorbereitung für einen reibungslosen finanziellen Ablauf. Das Ergebnis der Kalkulation, die vom Herstellungs- oder Produktionsleiter im Auftrag des Produzenten erstellt wird, dient als Grundlage für die weitere Arbeit des Filmgeschäftsführers. Alle Geschäftsvorgänge werden kontinuierlich in der Buchhaltung erfasst, die Einhaltung der Kalkulationsvorgaben muss dabei ständig überwacht werden.

Der Filmgeschäftsführer erstellt die entsprechenden Abrechnungen und überweist die Löhne, Gehälter und Gagen an die Mitwirkenden. Er ist für die Auszahlung und Abrechnung von Verrechnungsgeldern verantwortlich, das sind die so genannten »Handkassen«, die bestimmte Produktionsmitarbeiter mit sich führen, um notwendige Anschaffungen oder in Anspruch genommene Leistungen gleich bar zu bezahlen. Von anderen Tätigkeiten des Filmgeschäftsführers bemerkt das Team am Set überhaupt nichts, trotzdem sind sie ebenfalls von erheblicher Bedeutung: dazu zählen u.a. die Anmeldung und Überweisung der Lohnsteuer an das Finanzamt sowie die Erstellung der Beitragsnachweise und die Zahlung der Sozialversicherungsbeiträge an die Krankenkassen. Von jedem Vorgang wird eine Kopie abgelegt, denn alles muss später nachvollziehbar und überprüfbar sein.

2.1.2.1 Aufstiegsmöglichkeiten

Es gibt für den Filmgeschäftsführer mehrere Formen des Aufstiegs, die auf der Karriereleiter einen wichtigen Schritt nach oben bedeuten können. So kann die berufliche Verbesserung beispielsweise darin liegen, dass er in einer kleinen Produktionsfirma beginnt, später bei mittelständischen Produzenten arbeitet und schließlich zu einem Großunternehmen wechselt. Möglicherweise wird der Filmgeschäftsführer später Hauptbuchhalter im Head-Office und führt einzelne Projektbuchhaltungen in eine gemeinsame Buchhaltung zusammen.

Inhaltlich ist der Aufstieg hauptsächlich daran festzumachen, dass die Komplexität der Aufgaben zunimmt. Sonderfälle gibt es zwar in jeder Produktion, doch Anzahl und Schwierigkeit unterscheiden sich zum Teil erheblich. Viele sehen einen beruflichen Aufstieg auch darin, dass sie von einer Fernsehproduktionsfirma zu Kinofilmproduktionen wechseln.

Der wichtigste Punkt aber ist die Erfahrung, die im Laufe der Jahre durch die praktische Arbeit gesammelt wird. Je erfahrener der Filmgeschäftsführer ist, desto gefragter ist er und desto mehr kann er auch verdienen. Gerade im Sommer, wenn die meisten Filme gedreht werden, ist es oft schwierig, gute Filmgeschäftsführer zu finden, was nicht selten zu höheren Gagenvereinbarungen führt.

2.1.3 Die Stellung des Filmgeschäftsführers in der Hierarchie

Der Filmgeschäftsführer ist ein Ratgeber für den Produzenten, Herstellungs- und Produktionsleiter. Er unterstützt diese in den Bereichen Lohn-, Finanzbuchhaltung und Finanzorganisation mit branchenspezifischer Kompetenz.

Obwohl der Filmgeschäftsführer weisungsgebunden und im Angestelltenverhältnis tätig ist, leitet er sein Aufgabengebiet eigenverantwortlich. Sein Anstellungsvertrag ist häufig auf die Dauer eines Filmprojekts befristet. Sein Vorgesetzter ist der Produktionsleiter, mit ihm stimmt er regelmäßig seine Tätigkeiten ab und ihm liefert er wichtige Daten (z.B. Kostenstand), die Grundlage für weitere Entscheidungen sind.

2.2 Ausbildung und Weiterbildung

2.2.1 Persönliche und berufliche Voraussetzungen

Da die Berufsbezeichnung Filmgeschäftsführer nicht geschützt ist, gibt es keine verbindlichen Richtlinien, nach denen die Voraussetzungen zur Erlangung dieser Berufsbezeichnung beurteilt werden können. Es ist jedoch offensichtlich, dass fachliche Vorkenntnisse erforderlich sind. Gute Voraussetzungen für den Einstieg in den Beruf des Filmgeschäftsführers sind beispielsweise:

1. Eine kaufmännische Ausbildung zum Büro-, Industrie-, oder Bankkaufmann. Auch Steuerfachgehilfen haben eine passende Qualifikation. Wichtig ist eine mindestens zwei- bis dreijährige Berufserfahrung in einem der oben stehenden Berufe.
2. Umfangreiches Fachwissen in den Bereichen Finanzbuchhaltung und Steuerrecht ist Grundvoraussetzung.
3. Im Bereich Lohnbuchhaltung sollte eine gewisse Erfahrung und Routine vorhanden sein. Dann können auch spezielle Sonderfälle, die für eine Filmproduktion typisch sind, leichter bewältigt werden.
4. Schließlich sollte man mit den Begriffen Kostenrechnung und Kalkulation etwas anfangen können.

Darüber hinaus werden wichtige persönliche Eigenschaften zur Ausübung des Berufes benötigt, z.B.:

- Da Filmgeschäftsführer in der Regel mit ständig wechselnden Arbeitgebern und Teams konfrontiert werden, ist Flexibilität eine überaus wichtige Eigenschaft.
- Hervorragendes Fachwissen darf nicht dazu führen, dass Vorgänge unnötig kompliziert werden. Für den reibungslosen Ablauf einer Produktion ist es unabdingbar, dass die Arbeit im Sinne einer zu erbringenden Dienstleistung angesehen wird.
- Zusammenhänge müssen schnell erkannt und Entscheidungen sofort umgesetzt werden.
- Die Beherrschung der englischen Sprache ist nicht nur bei internationalen Koproduktionen erforderlich. Kenntnisse in weiteren Sprachen sind natürlich von Vorteil.
- Die Fähigkeit, auch in stressigen Situationen einen kühlen Kopf zu bewahren und den Überblick nicht zu verlieren.
- Da in der Medienbranche flexible Arbeitszeiten an der Tagesordnung sind, sollte man sich auch darauf einstellen. Die tägliche Arbeitszeit nach Tarifvertrag beträgt 10 Stunden, zu bestimmten Terminen (z.B. Monatsabschluss) können auch Überstunden anfallen. Die Bereitschaft zu reisen und oft wechselnde Lebensmittelpunkte zu haben, gehören ebenfalls zu den Voraussetzungen, die ein Filmgeschäftsführer erfüllen muss.

2.2.2 Ausbildungsmöglichkeiten

Es gibt keine geregelte und spezielle Ausbildung zum Filmgeschäftsführer. Die notwendigen praktischen Erfahrungen sammelt der ausgebildete Kaufmann oder Finanzbuchhalter bei der praktischen Arbeit in Produktionsunternehmen. Meist gelingt der Einstieg zunächst über eine Tätigkeit als Filmgeschäftsführungsassistent oder als Kassierer. Viele Produktionsfirmen bieten außerdem die Möglichkeit, ein Praktikum in der Abteilung Filmgeschäftsführung zu absolvieren. Dies ist eine hervorragende Möglichkeit, den Beruf näher kennen zu lernen.
Vereinzelt haben auch Produktions-Lehrgänge an Hochschulen und anderen Bildungseinrichtungen »Filmgeschäftsführung« zum Thema, wobei es sich in einem solchen Rahmen lediglich um eine Einführung handeln kann.

2.3 Entwicklung des Berufsbildes und Berufsaussichten

2.3.1 Entwicklung des Berufsbildes

In den Anfangszeiten des Films, als eine professionelle kaufmännische Kontrolle bei Filmproduktionen noch die Ausnahme war, endete so manches Projekt mit dem Konkurs der Produktionsfirma. Das Fehlen ausgereifter Businesspläne, realistischer Kalkulationen und Zielvorgaben führten entweder dazu, dass überhaupt keine Investoren für das Projekt gewonnen werden konnten oder eben zu unabschätzbaren finanziellen Risiken während der Produktionsphase.
So kam es, dass Kaufleute in den Prozess eingegliedert wurden und damit war das Berufsbild des Filmgeschäftsführers geboren.

2.3.2 Berufsaussichten

Im Zuge des ständig wachsenden Programmbedarfs steigt nicht nur die Anzahl der Filmproduktionen entsprechend schnell, sondern auch der Druck auf die Produktionsfirmen, ihre Produktionen erfolgreich und unter Einhaltung strenger wirtschaftlicher Vorgaben abzuschließen. Demzufolge steigt die Nachfrage nach Filmgeschäftsführern.

3 Allgemeine Organisation

3.1 Betriebsstruktur

Vor dem Beginn seiner Tätigkeit für ein Produktionsunternehmen sollte sich der Filmgeschäftsführer ein klares Bild von der Struktur dieser Firma machen, denn davon hängen wesentliche Entscheidungen für die weitere Arbeitsweise und Organisation ab.
Produktionsfirmen können grob in drei Größen eingeteilt werden, je nach Anzahl der Mitarbeiter. Die Produktionsfirma gilt als klein, wenn drei bis fünf fest angestellte Mitarbeiter beschäftigt sind. Sie zählt zu den mittelständischen Unternehmen, wenn der Mitarbeiterstab aus zehn bis hundert Personen besteht. Bei großen Produktionsfirmen sind noch mehr Mitarbeiter angestellt.
Weitere interessante Kriterien für die Bewertung eines Unternehmens sind: die Einbindung in Firmenverbünde und Konzerne – ob es sich um einen international tätigen Betrieb handelt – und nicht zuletzt die Rechtsform des Unternehmens, auf die ein besonderes Augenmerk zu richten ist.

3.2 Routine

Routine erlangt man durch Übung und tägliche Anwendung. Erfahrung und Wissen wachsen durch die tägliche Auseinandersetzung mit den Problemstellungen des Berufs. Routine bedeutet, dass gewisse Arbeiten schematisch, also immer gleich, ausgeführt werden. Im Bereich der Filmgeschäftsführung lohnt es sich, sich derartige »Routinen« zurechtzulegen und dazu passende Checklisten zu erstellen. Auf diese Weise ist nicht nur eine enorme Zeitersparnis möglich – dringend notwendig für die Bearbeitung von Spezialfällen – sondern es wird auch sichergestellt, dass wichtige Aufgaben nicht vergessen werden.
Zu einer guten Büroorganisation gehören:

- gute Ablagesystematik (Logistik)
- genügend Arbeitsmaterial
- kostengünstige Anschaffungen

Im Übrigen steht die Routine des Filmgeschäftsführers ein wenig im Gegensatz zur Arbeitsweise der künstlerisch Tätigen innerhalb der Produktion. Diese müssen darauf achten, dass sie nicht allzu routinemäßig arbeiten, denn ein Film, der so gemacht ist wie alle anderen, ist meistens langweilig.

3.3 Raum-Ausstattung

3.3.1 Ausstattung des Arbeitsplatzes

3.3.1.1 Arbeitsplatzgestaltung

Drei Fächer oder Ablagekörbe erleichtern dem Filmgeschäftsführer die tägliche Arbeit und haben sich als Mittel bewährt, der Papierflut Herr zu werden. Je ein Fach ist für die Aufgaben des Tages, der Woche und des Monats vorgesehen. Jeder Filmgeschäftsführer findet mit der Zeit heraus, welche Organisationsmethode am besten für ihn geeignet ist. Bewährt haben sich beispielsweise Ordner, in die noch zu buchende bzw. gebuchte aber noch zu zahlende Belege eingeordnet werden. Es kann auch mit anderen Ablagesystemen gearbeitet werden, wichtig ist nur, dass alle Papiere sofort gefunden werden können. Alle abgeschlossenen Vorgänge werden entsprechend der in dem jeweiligen Unternehmen verwendeten Systematik in Ordner abgelegt, so dass sie auch für andere Mitarbeiter auffindbar sind.

3.3.1.2 Betriebsmittel (Werkzeug)

Einer der wichtigsten Bestandteile des Arbeitsplatzes ist der Computer, wobei an die Hardware keine besonderen Erfordernisse gestellt werden. Im Hinblick auf die Kompatibilität ist ein Windows-basierter Computer vorzuziehen. Auf jeden Fall sollte für ein gutes Datensicherungskonzept gesorgt werden. Nach Möglichkeit ist täglich ein Backup zu ziehen, dazu eignen sich am besten Disketten oder DAT-Streamer, aber auch andere externe Wechselmedien wie Zip-Cartridges. Ebenso gut können inzwischen auch beschreibbare CDs eingesetzt werden.
Es gibt mehrere speziell für die Filmbranche entwickelte Kalkulations- und Buchhaltungsprogramme. Sie erleichtern erheblich die Arbeit des Filmgeschäftsführers. Man kann aber auch allgemeine Buchhaltungsprogramme verwenden, wenn die Daten leicht in selbst erstellte filmbezogene Auswertungen eingelesen werden können. Diese können dann mit einem Tabellenkalkulationsprogramm vorbereitet werden.
Als Drucker kann ein Schwarz-Weiß-Drucker verwendet werden, der schnell und sauber arbeitet. Bei größeren Projekten oder als langfristige Anschaffung kann sich ein Laserdrucker rentieren. Der Toner eines Laserdruckers reicht 10 mal länger als eine Tintenstrahl-Patrone. Sie kostet aber gerade mal das zwei- bis dreifache.
Ferner benötigt der Filmgeschäftsführer einen mobilen Taschenrechner oder eine Additionsmaschine mit Papierrolle zum Ausdrucken der Berechnungen (»Additionsstreifen«).
Mehrere Stempel ergänzen die Ausrüstung. Dazu zählt der Firmenstempel der Produktionsfirma, ein normaler Posteingangsstempel mit Datum (falls der Posteingang nicht über das Produktionssekretariat abgewickelt wird), ein Buchungsstempel zur Kontierung von Rechnungen und Belegen und ein Stempel mit der Aufschrift »gebucht«. Eine gute und preiswerte Anschaffung ist ein Wortbandstempel mit Datum.
Darüber hinaus werden benötigt:

- ein Stempelkissen
- eine Kasse (z.B. eine Geldkassette)

- eine geeignete größere Brieftasche, mit der große Bargeldmengen transportiert und sortiert werden können (zum Abholen von der Bank oder zum Auszahlen am Set)
- Ablagekästen (Eingangs- und Ausgangsfächer, »To-Do«-Fach etc.)
- ein Locher
- Hefter und Klammern
- mindestens eine Papierschere bzw. ein Klingenmesser (eignet sich hervorragend zum Durchschneiden der Lohnsteuerbescheinigungen, die im Format DIN A 5 auf die Lohnsteuerkarten geklebt werden müssen, aber nur auf DIN A 4 Blättern ausgedruckt werden können)
- transparenter Klebefilm
- Klebestift
- Lineal
- Radiergummi
- Prospekt- und Sichthüllen
- Fenster-Umschläge
- Bleistifte, Kugelschreiber und Papier

Außerdem ist es ratsam, sich einen Ordner mit den Filmgeschäftsführungs- und sonstigen Formularen, die in der Produktionsfirma gebraucht werden, anzulegen.
Die oben stehende Aufzählung mag als Anregung dienen, jeder Filmgeschäftsführer sollte natürlich eine entsprechende individuelle Übersicht zusammenstellen. Mit einer Packliste wie dieser verhindert er bei Projektaufnahme, dass wichtige Arbeitsmittel vergessen werden. Natürlich gibt es keine verbindlichen allgemeinen Vorschriften darüber, wie die Ausstattung des Filmgeschäftsführers auszusehen hat oder wie er die Beschaffung organisieren muss, dieser Vorschlag hat sich jedoch in der Praxis bewährt.

3.4 Checklisten

Bei der täglichen Arbeit stellt es sich schnell heraus, dass bestimmte Erfahrungen nur einmal gemacht und manche Erkenntnisse nur einmal gewonnen werden. Um beim nächsten Projekt wieder darauf zurückgreifen zu können, sollten diese schriftlich fixiert werden. Am besten eignen sich hierfür selbst erstellte Checklisten. Aber auch spezifische Informationen der Produktionsfirma sollten immer griffbereit sein. Beispiele für Checklisten und übersichtliche Zusammenstellungen sind:

1. Ablaufroutinen
2. Packliste für Arbeitsmaterial
3. Ausgabe- und Rückgabe-Quittungen für Computer und sonstige Ausrüstung
4. Adress- und Telefonlisten
5. Besetzungs- und Stablisten

3.4.1 Ablaufroutinen

Wie unter 3.2 beschrieben, werden die einzelnen Arbeitsschritte immer wiederkehrender Abläufe, so z.B. die monatliche Erstellung der Gagenabrechnungen Punkt für Punkt aufgelistet. Das spart Zeit und stellt sicher, dass nichts vergessen wird. Darüber hinaus erleichtern derartige Unterlagen auch die Einarbeitung von Assistenten oder Praktikanten, die dann viel schneller in der Lage sind, bestimmte Arbeiten eigenverantwortlich zu erledigen.

3.4.2 Packliste

Eine Packliste für die unter 3.3.1.2 beschriebene Ausstattung.

3.4.3 Ausgabe- und Rückgabe-Quittung

Es ist kaum zu glauben, aber oft wird wertvolle Zeit mit Diskussionen verloren, ob nun ein Locher zurückgegeben worden ist oder nicht, respektive ob man überhaupt einen erhalten hat, der zurückgegeben werden könnte und so fort.
Bei Geräten wie der Additionsmaschine ist das dann auch eine Kosten(erstattungs-)frage. Um dies alles zu vermeiden, lautet der Vorschlag aus der Praxis: Der Filmgeschäftsführer sollte sich ausgefüllte Checklisten bei der Entgegennahme und Rückgabe abzeichnen lassen! Es handelt sich dabei nicht um überflüssigen Bürokratismus, sondern um professionelles Büromanagement.
Der zweite Vorteil der Checklisten liegt in der Zeitersparnis beim Beschaffen der Gegenstände. Beim Einkauf hat der Filmgeschäftsführer einen kompletten Überblick und weiß genau, was neu angeschafft werden muss.
Diese Ausgabe- und Rückgabequittung mag als Anregung für die Gestaltung eigener Formulare dienen:

Ausgabe- und Rückgabequittung für Filmgeschäftsführungs-Ausrüstung

Produktionsfirma:
Projektname:

Laufende Nr.	Anzahl	Bezeichnung	Fabrikat	Serien-Nr.

Ausgabe
Datum:
Ausgehändigt *(Name, Unterschrift):*
Erhalten *(Name, Unterschrift):*

Rückgabe
Datum:
Zurückgegeben *(Name, Unterschrift):*
Erhalten *(Name, Unterschrift):*

3.4.4 Adress- und Telefonliste

Der Filmgeschäftsführer sollte sich ein Adress- und Telefonbuch einrichten, in dem folgende Blätter enthalten sein könnten:

Blatt 1: Produktionsbüro / Set
Anschriften/ Telefonliste

Tätigkeit	Name	Tel.-Nr./Durchwahl	Mobil	Fax	E-Mail
Produktionsleitung					
Produktionsassistenz					
Produktionssekretariat					
Aufnahmeleitung					
Filmgeschäftsführung					
...					

Blatt 2: Haupthaus
Anschriften/ Telefonliste

Tätigkeit	Name	Tel.-Nr./Durchwahl	Mobil	Fax	E-Mail
Geschäftsführung					
Herstellungsleitung					
Producer					
Sekretariat					
Buchhaltung					
...					

3.4.5 Besetzungs- und Stabliste

Um einen kompletten Überblick über die gesamte Produktion zu bekommen, lässt sich der Filmgeschäftsführer immer die neuesten Fassungen der Besetzungs- und Stablisten geben. Bei dieser Gelegenheit sorgt er dafür, dass er jede Tagesdisposition und möglichst immer die neueste Drehbuchfassung erhält.

4 Finanzbuchhaltung (FIBU)

Alle Ereignisse und Vorgänge, die innerhalb eines Unternehmens stattfinden, müssen lückenlos aufgezeichnet werden. Geschieht dies nicht, besteht die Gefahr, eines Tages im Chaos zu erwachen. Eine gute Logistik und eine möglichst effektive Organisation des betrieblichen Rechnungswesens sind von nicht zu unterschätzender Bedeutung für ein gesundes Unternehmen.
Die Abteilung Buchhaltung bzw. Finanz- und Rechnungswesen ruht im Regelfall auf den drei Säulen Lohnbuchhaltung, Finanzbuchhaltung und Kostenrechnung.

	Filmgeschäftsführung	
↙	↓	↘
Lohnbuchhaltung	Finanzbuchhaltung	Kostenrechnung

Alle drei Bereiche berühren unmittelbar die Aufgaben des Filmgeschäftsführers. Dieser muss jederzeit in der Lage sein, den Stand der Produktion zu kontrollieren und sich dabei ergebende Abweichungen von den kalkulierten Zahlen zeitnah mit dem Produktionsleiter zu besprechen. Der Filmgeschäftsführer trägt hier eine große Verantwortung, denn ohne seine Informationen kann die Produktionsleitung nicht die entsprechenden Maßnahmen ergreifen, die für eine Regulierung und Korrektur des weiteren Produktionsablaufes notwendig sind.
Die Finanzbuchhaltung ist folglich so zu organisieren, dass immer ein vollständiger und aktueller Stand abgerufen werden kann. Innerhalb des Filmprojekts hat dafür natürlich der Filmgeschäftsführer zu sorgen. Die Ergebnisse, die sich aus der Buchhaltung einzelner Projekte ergeben, fließen dann in die Gesamtbuchhaltung des Unternehmens ein. Die Hauptbuchhaltung spiegelt die Lage des Unternehmens wider und ist außerdem Grundlage für die Besteuerung des Betriebes. Sie dient auch als Beweismittel für die Richtigkeit des ausgewiesenen Geschäftsergebnisses.

4.1 Buchführungspflicht

4.1.1 Handels- und Steuerrecht

4.1.1.1 Handelsrecht

Das Handelsgesetzbuch (HGB) regelt in § 238, dass jeder Kaufmann verpflichtet ist, Bücher zu führen und in diesen seine Handelsgeschäfte und die Lage seines Vermögens nach den Grundsätzen ordnungsmäßiger Buchführung ersichtlich zu machen. Ein sachverständiger Dritter muss sich innerhalb angemessener Zeit einen Überblick über die Lage des Unternehmens an sich und über die einzelnen Geschäftsvorfälle verschaffen können. Die Entstehung und Abwicklung jedes Geschäftsvorfalls muss sich nachvollziehen lassen.

In HGB § 239 finden sich genaue Angaben über die Art und Weise, wie Handelsbücher zu führen sind. Der Kaufmann muss sich einer lebenden Sprache bedienen und die Bedeutung von verwendeten Abkürzungen, Ziffern, Buchstaben oder Symbolen muss eindeutig festgelegt sein. Aufzeichnungen und Eintragungen in Bücher müssen vollständig, richtig, zeitgerecht und geordnet vorgenommen werden. Werden diese im Nachhinein verändert, so müssen sie nachvollziehbar sein, der ursprüngliche Inhalt muss also erkennbar bleiben. Die äußere Form der Bücher ist nicht vorgeschrieben, die geordnete Ablage von Belegen gilt bereits als ordnungsmäßige Buchführung. Wird die Buchhaltung per Computer geführt, dürfen nur Programme verwendet werden, die den Grundsätzen ordnungsmäßiger Buchführung entsprechen. Die Daten müssen innerhalb angemessener Frist beispielsweise mit Hilfe von Ausdrucken lesbar gemacht werden können.

Nach HGB § 242 hat der Kaufmann zu Beginn seines Handelsgewerbes und für den Schluss eines jeden Geschäftsjahres einen das Verhältnis seines Vermögens und seiner Schulden darstellenden Abschluss (Eröffnungsbilanz bzw. Bilanz) aufzustellen.

Der Wortlaut der relevanten Paragraphen dieses Gesetzes ist im Anhang zu finden.

4.1.1.2 Steuerrecht

Nach dem Handelsgesetzbuch (HGB) besteht die Pflicht Bücher zu führen. Diese Vorschrift wird durch das Steuerrecht in der Abgabenordnung (AO) erweitert. AO § 145 greift die Regelungen des HGB § 238 wieder auf und betont nochmals, dass die Buchführung so beschaffen sein muss, dass sie einem sachverständigen Dritten innerhalb angemessener Zeit einen Überblick über die Geschäftsvorfälle und über die Lage des Unternehmens vermitteln kann. Die Geschäftsvorgänge müssen sich in ihrer Entstehung und Abwicklung verfolgen lassen. Dabei kommt es natürlich darauf an, dass der Zweck, den die Aufzeichnungen für die Besteuerung erfüllen sollen, erreicht wird.

In diesem Sinne ist es auch zu verstehen, dass gemäß AO § 146 die Buchungen und sonst erforderlichen Aufzeichnungen vollständig, richtig, zeitgerecht und geordnet vorzunehmen sind und Kasseneinnahmen und -ausgaben täglich festgehalten werden sollen. Auch die Ordnungsvorschriften für die Aufbewahrung von Unterlagen finden sich in der Abgabenordnung (AO § 147). Hier geht es darum, dass Unterlagen, die für die Besteuerung wichtig sind, zur Verfügung stehen müssen.

Um welche Unterlagen es sich im Einzelnen handelt, ist dem Wortlaut des AO § 147 zu entnehmen, der zusammen mit weiteren relevanten Paragraphen der Abgabenordnung im Anhang zu finden ist.

Darüber hinaus enthalten Steuergesetze, Steuerrichtlinien und Durchführungsverordnungen weitergehende Bestimmungen. So beschreibt das Umsatzsteuergesetz in § 114 die formellen Anforderungen, die Rechnungen erfüllen müssen.

Ordnungsmäßigkeit der Buchführung
Vollständigkeit – Richtigkeit – Übersichtlichkeit – Klarheit

Formelle Kriterien	Materielle Kriterien	Bücher
Übersicht durch Kontenplan	Zeitgerechte und geordnete	Inventar- und
Lebende Sprache	Buchungen	Bilanzbuch
Verwendung von eindeutigen	Vollständige und richtige	Grundbuch
Abkürzungen, Ziffern, Symbolen	Eintragungen	Journal (chronolog.)
Eintragung mit Tinte, keine Löschung	Jährliche Inventur	Hauptbuch
oder Unkenntlichmachung	Vollständigkeit und Richtigkeit	Konten (systemat.)
Fortlaufende Nummerierung	des Inventars	Nebenbücher
Keine leeren Zwischenräume	Nachprüfbare Ablage der	Kassenbuch
Geordnetes Belegwesen	Belege	Kontokorrent
Aufbewahrungspflichten	Richtige Bewertung nach	Debitoren
	Handels- und Steuerrecht	Kreditoren
		Wechselbuch

4.1.2 Doppelte Buchführung

Die Buchführung kennt drei verschiedene Systeme:
1. die kameralistische Buchführung
2. die einfache Buchführung
3. die doppelte Buchführung

Die kameralistische Buchführung hat für Kaufleute keinerlei Bedeutung, sie wird nur bei öffentlichen Haushalten verwendet. Sie verzichtet auf die Inventur und die Bewertung des Vermögens.

Die einfache Buchführung hat folgende Kennzeichen:
- Kasseneinzahlungen und -auszahlungen werden genauso wie die Eingänge und Ausgänge auf dem Bankkonto chronologisch verbucht. Forderungen und Verbindlichkeiten erscheinen nicht in der Finanzbuchhaltung.
- Es gibt keine Gegenbuchungen.
- Der Gewinn oder Verlust wird nur auf eine einzige Art und Weise ermittelt, nämlich durch eine Einnahmen-/ Überschussrechnung.

Die doppelte Buchführung ist eine systematische Vermögens- und Kapitalrechnung. Ihre Kennzeichen sind:
- Doppelte Buchung eines jeden Geschäftsvorgangs auf jeweils mindestens einem Konto auf der Soll- und auf der Habenseite. Die Beträge gleichen sich in der Summe immer aus.
- Doppelte Erfassung der Geschäftsvorgänge in zeitlicher Ordnung im Grundbuch sowie in sachlicher Ordnung im Hauptbuch.
- Führung von Bestands- und Erfolgskonten im Hauptbuch.
- Doppelte Form der Erfolgsermittlung: Einerseits wird durch den Abschluss der Bestandskonten über das Schlussbilanzkonto ein Eigenkapitalvergleich zweier

Buchungsperioden ermöglicht, auf der anderen Seite kann man Aufwendungen und Erträge durch den Abschluss der Erfolgskonten im Gewinn- und Verlustkonto gegenüberstellen.

4.1.3 Buchungskreise der doppelten Buchführung

Die Buchungskreise der doppelten Buchführung			
↙			↘
Bestandskontenkreis		Erfolgskontenkreis	
Aktivkonten	Passivkonten	Aufwandskonten	Ertragskonten

S	Schlussbilanzkonto H
	Eigenkapital

S	GuV-Konto H
Saldo: Gewinn	Saldo: Verlust

4.1.3.1 Bestandskontenkreis

Der Bestandskontenkreis enthält die Aktiv- und Passivkonten. Zu den Aktivkonten zählen die Anlagekonten, in denen immaterielle Wirtschaftsgüter, Sach- und Finanzanlagen zu finden sind. Auch die Konten des Umlaufvermögens zählen zu den Aktivkonten. Zum Umlaufvermögen gehören z.B. Vorräte, Guthaben bei Kreditinstituten und der Kassenbestand. Forderungen aus Lieferungen und Leistungen sind ebenfalls dem Umlaufvermögen zuzuordnen und damit auf Aktivkonten zu verbuchen.

In den Passivkonten des Bestandskontenkreises sind Verbindlichkeitskonten zu finden. Hier werden u.a. Verbindlichkeiten gegenüber Kreditinstituten oder Verbindlichkeiten aus Lieferungen und Leistungen verbucht. Ein besonderes Passivkonto ist das Eigenkapitalkonto, das das Bindeglied zwischen Bestands- und Erfolgskontenkreis bildet.

Die Bestandskonten werden über das Schlussbilanzkonto abgeschlossen.

4.1.3.2 Erfolgskontenkreis

Der Erfolgskontenkreis enthält die Aufwandskonten und die Ertragskonten. Aufwendungen mindern das Eigenkapital, während Erträge das Eigenkapital vermehren. Die Erfolgskonten werden über das Gewinn- und Verlustkonto abgeschlossen. Bei Abschluss des Gewinn- und Verlustkontos stellt sich heraus, ob sich der Saldo auf der Soll- oder auf der Habenseite ergibt. Steht der Saldo im Soll, bedeutet dies Gewinn, verbleibt der Saldo im Haben, ist ein Verlust das Ergebnis der wirtschaftlichen Bemühungen des Unternehmens. Der Saldo des Gewinn- und Verlustkontos wiederum wird in das Eigenkapitalkonto gebucht, womit die Verbindung zum Bestandskontenkreis wieder hergestellt ist.

4.1.4 Bücher der doppelten Buchführung

Zur systematischen doppelten Buchführung sind Grundbuch, Hauptbuch sowie Inventar- und Bilanzbuch erforderlich.

Die Eröffnungs- und Schlussbilanz werden im Bilanzbuch erfasst, die erforderlichen Werte durch die Inventur ermittelt und im Inventarbuch festgehalten. Diese Werte sind mit den Salden der entsprechenden Bestandskonten abzustimmen. Bei der Bewertung der im Jahresabschluss ausgewiesenen Vermögensgegenstände und Schulden sind bestimmte Bewertungsgrundsätze zu beachten, die im HGB § 252 ff. festgelegt sind (siehe Anhang).
Bemerkenswert ist in diesem Zusammenhang, dass selbstproduzierte Filme nicht als immaterielle Wirtschaftsgüter bilanziert werden dürfen, weil vor der Auswertung durch Kino, Fernsehen oder Bildträger (Video, DVD) keine objektive Beurteilung des Marktwertes möglich ist. Anders verhält es sich bei eingekauften Filmrechten, deren Bewertung sich aus dem Kaufpreis ableiten lässt.
Im Grundbuch erfolgt die chronologische Erfassung aller Geschäftsvorgänge. Somit ist es möglich, jeden Geschäftsvorgang im Detail nachzuvollziehen. Auch die systematische Belegsicherung ist eng mit den Buchungen im Grundbuch verknüpft. Je nach Betriebsgröße können mehrere Grundbücher existieren.
Durch die Konten des Hauptbuchs spiegelt die Buchhaltung den Zustand und die Entwicklung des Unternehmens in einer sachlich geordneten Übersicht wieder. Die im Hauptbuch geführten Erfolgs- und Bestandskonten werden über die Gewinn- und Verlustrechnung bzw. über das Schlussbilanzkonto abgeschlossen. Für die Buchungen im Hauptbuch werden die einzelnen chronologischen Aufzeichnungen der Grundbücher mit den dazugehörigen Belegnummern herangezogen.
Die Nebenbücher stellen eine Ergänzung der sachlichen und zeitlichen Zuordnungen der Geschäftsvorgänge in den Grund- und Hauptbüchern dar. Nebenbücher sind beispielsweise Kassenbuch, Kontokorrent- und Wechselbuch. Ein Nebenbuch kann auch in der Form eines Karteikastens geführt werden.
Das Kassenbuch dient zur Aufzeichnung aller Kassenvorgänge, sprich der Bareinzahlungen und Barauszahlungen.
Im Kontokorrentbuch werden alle Geschäftsvorgänge, Forderungen und Verbindlichkeiten eines einzelnen Geschäftspartners oder Kunden von ihrer Entstehung bis zu ihrer Bezahlung erfasst. In den Sachkonten des Hauptbuchs werden die Vorgänge nämlich nicht unbedingt kundenspezifisch aufgeschlüsselt.
Das Wechselbuch verschafft Klarheit über den Wechselzahlungsverkehr hinsichtlich Betrag, Ausstellungsdatum, Verfallstag, Zahlungsort und beteiligter Personen.
Durch den Einsatz von Computern ist es heutzutage möglich, zu jedem beliebigen Zeitpunkt einen Abschluss zu erstellen. Auf diese Weise kann die Geschäftsführung schnell und flexibel auf ungewünschte oder unvorhergesehene Entwicklungen reagieren und die entsprechenden unternehmerischen Entscheidungen treffen.

4.1.5 Kontenrahmen

Wie schon erwähnt, sind einheitliche Bezeichnungen und Kontenabgrenzungen sowie eine klare Übersicht der Buchführungsunterlagen notwendig, um jederzeit das Zahlenmaterial für Vergleiche heranziehen zu können. Die Basis hierzu bilden Kontenpläne, die passend zu den betrieblichen Erfordernissen entwickelt werden. Jedes Unterneh-

men kann seinen eigenen Kontenrahmen aufstellen. Für viele Wirtschaftszweige gibt es jedoch Muster-Kontenrahmen, die sich mit der Zeit durchgesetzt haben und die Grundlage der Buchführung sind. In der Praxis haben sich die Spezialkontenrahmen SKR 03 und SKR 04 der DATEV bewährt, die als Muster für den eigenen Kontenplan genutzt werden können.
Der SKR 03 gliedert die Konten in der Reihenfolge, in der sie normalerweise im chronologischen Ablauf der Geschäftsvorfälle in einem Unternehmen gebraucht werden (Prozessgliederungsprinzip). Die erste Stelle der vierstelligen Kontonummern bezeichnet die Kontenklasse:

Kontenklasse	Bezeichnung
0	Anlage- und Kapitalkonten
1	Finanz- und Privatkonten
2	Abgrenzungskonten
3	Wareneingangs- und Bestandskonten
4	Allgemeine betriebliche Aufwendungen
5	Frei für projektbezogene Aufwandskonten
6	Frei für projektbezogene Aufwandskonten
7	Bestände an Erzeugnissen
8	Erlöskonten
9	Vortragskonten – Statistische Konten

Die Kontenklassen 5 und 6 sind für individuelle Sachkonten freigelassen, deren Bezeichnungen und Systematik von der Art des Unternehmens abhängt.

4.1.6 Sachkonten für die Filmwirtschaft

Für die Filmwirtschaft sind einige spezielle Konten erforderlich, die z.B. im SKR 03 oder im SKR 04 der Kontenklasse 5 aufgenommen werden können. Dabei handelt es sich um Sachkonten zur Durchführung von Film- und Fernsehproduktionen, die im Detail an die Erfordernisse jeder einzelnen Dokumentar-, Fernseh-, Kino- und Werbefilmproduktion angepasst werden können.

4.1.6.1 Sachkontenmuster für die Klasse 5 im SKR 03 oder im SKR 04

Dieser Projektkontorahmen ist ein Muster, das an den Aufbau des Kalkulationsschemas der Filmförderungsanstalt (FFA) angelehnt ist. Je nach Art des Produktionsvorhabens können einige Konten weggelassen oder auch andere hinzugefügt werden. Auf diese Weise erhält der Filmgeschäftsführer einen exakt auf das jeweilige Filmprojekt zugeschnittenen Kontenplan.

Kontonr.	Bezeichnung
5000	Vorkosten
5001	Treatment / Lizenzen
5002	Synchronbuch
5003	Archivrechte
5004	Musikrechte
5005	Textrechte
5006	Komponist
5007	GEMA-Gebühren
5008	Lizenz-Gebühren
5100	Gagen Produktionsstab (Herstellungsleiter, Produktionsleiter, Assistenten, Sekretäre, Filmgeschäftsführer)
5101	Gagen Darsteller
5102	Gagen Darsteller Ausland
5103	Komparsen
5104	Aushilfen
5105	Überstunden
5106	Zuschläge für Feiertage, Samstage und Sonntage
5107	Urlaubsabgeltung
5110	Gesetzliche soziale Aufwendungen
5119	Lohnsteuer-Pauschale Aushilfen
5120	Lohnsteuer-Pauschale Ausländer
5138	Beiträge Berufsgenossenschaft
5140	Pensionskassen
5250	Honorare Wort (Drehbuchautor)
5251	Honorare Bildende Kunst (Architekt, Kostüm, Maske)
5252	Honorare Musik
5253	Honorare Darstellende Kunst
5255	Honorare Ausland
5259	Künstlersozialversicherung
5280	Tiere im Bild
5310	Raumkosten Produktion
5311	Motivmiete
5312	Drehgenehmigung
5313	Motivnebenkosten
5325	Strom, Gas, Wasser
5330	Reinigung, Abfallbeseitigung

5400	Versicherungen
5412	Gebühren
5430	Frachtkosten / Kuriere (UPS, Fahrradkuriere etc.)
5440	Zölle, Einfuhrabgaben
5450	Kautionen
5530	Benzin, Parkgebühren, Fahrzeugreinigung
5550	Fremdfahrzeuge (Taxi)
5560	Fremdfahrzeuge (Mietwagen)
5600	Werbekosten
5610	Aufmerksamkeiten (Geschenke bis 75,00 DM netto)
5620	Geschenke über 75,00 DM netto
5630	Repräsentationskosten
5640	Bewirtung / Catering
5641	Bewirtung Geschäftsfreunde (Betriebsausgaben 80%)
5642	Bewirtung Arbeitnehmer auswärts (Betriebsausgaben 100%)
5643	Bewirtung Arbeitnehmer im Haus (Betriebsausgaben 100%)
5650	Reisekosten (Bahn, Flug etc.)
5651	km-Geld Arbeitnehmer (Privater Pkw für die Produktion)
5652	km-Geld freie Mitarbeiter (Rechnungsbeleg)
5660	Hotelkosten
5661	Unterbringungskosten (z.B. Mietwohnung)
5670	Verpflegungsmehraufwendungen (Spesen, Diäten) Stab
5671	Verpflegungsmehraufwendungen (Spesen, Diäten) Schauspieler
5700	Kamera (Miete)
5701	Kamera-Zubehör
5702	Tonmaterial (Kauf)
5703	Tonequipment und -material (Miete)
5704	Tonstudio / -überspielung / -mischung
5705	Filmmaterial
5706	Kopierwerk
5707	Fotomaterial
5708	Bildmaterial
5709	Video und Bearbeitung
5710	Beleuchtung (Kauf)
5711	Beleuchtung (Miete)
5740	Kostüm (Kauf)
5741	Kostüm (Miete / Reparatur)
5742	Requisite (Kauf)
5743	Requisite (Miete / Reparatur)
5744	Maske (Kauf)

5745	Maske (Miete)
5760	Baumaterial (Kauf)
5761	Baumaterial (Miete)
5762	Baukosten Fremdfirmen
5800	Porto
5805	Telekommunikation
5815	Büromaterial
5816	Fotokopierkosten
5820	Fachliteratur
5825	Rechtsanwalts- und Beratungskosten
5826	Projektberatung
5827	Abschlussprüfung
5835	Bürogeräte (Miete)
5840	Bürogeräte (Reparatur)
5850	Betriebsbedarf
5851	Anschaffungen bis 800,00 DM (netto)
5852	Anschaffungen über 800,00 DM (netto)
5855	Nebenkosten Geldverkehr
5856	Zinsen, Projektkonto
5887	Spenden
5900	Sonstige Kosten

4.1.7 Buchhaltung per Elektronischer Datenverarbeitung (EDV)

Die Buchhaltungssoftware erleichtert dem Filmgeschäftsführer die Arbeit erheblich. Es ist wichtig, von Anfang an auf eine systematische und effiziente Organisation des Buchhaltungsprogramms zu achten. So sollten alle zu verarbeitenden Daten jeweils nur einmal eingegeben werden müssen, um dann für alle gewünschten Auswertungen zur Verfügung zu stehen. Müsste man die selben Daten mehrmals eingeben, würde dies nicht nur zu einem erhöhten Arbeitsaufwand führen, sondern auch zu einer zusätzlichen Fehlerquelle. Daher sollte sich der Filmgeschäftsführer zu Beginn eines Projektes die Zeit nehmen, seine Software sorgfältig zu konfigurieren und die Arbeitsschritte genau zu planen. Bei der Verbuchung einer Rechnung sind z.B. in den Computer einzugeben:

1. Kreditoren-Nummer (bei Eingangsrechnung) bzw. Debitoren-Nummer (bei Ausgangsrechnung)
2. Rechnungsnummer
3. Rechnungsdatum
4. Betrag
5. FIBU-Sachkonto
6. Nummer oder Name des Filmprojektes (oder auch Mandanten-Nr.)
7. Kostenart

Durch diese sieben Eingaben kann der Filmgeschäftsführer mindestens 13 Auswertungen erzeugen. Mögliche Auswertungen sind:

1. Offene Posten (OP-Liste)
2. Kontenblätter der Kreditoren
3. Kontenblätter der Sachkonten / Aufwandskonten
4. Kontenblätter Vorsteuer
5. Umsatzsteuer-Voranmeldung
6. Prima Nota / Journal
7. Ergebnisrechnung (Bilanz)
8. Gewinn und Verlustrechnung (GuV) sowie Betriebswirtschaftliche Auswertung (BWA)
9. EDV-gestützter Zahlungsverkehr (zum Beispiel Diskettenclearing)
10. Projektauswertung gesamt
11. Projektauswertung nach Ländereffekt
12. Einzelnachweis der Kostenarten
13. Saldenliste für alle Projekte

4.2 Belegqualität

Rechnungen und Quittungen müssen bestimmten gesetzlichen Anforderungen entsprechen, damit sie von den Finanzbehörden als Bestandteile einer ordnungsmäßigen Buchführung anerkannt werden. Dabei kommt es nicht auf die äußere Form eines Beleges an, es geht vielmehr um die inhaltlichen Bestandteile. Sollte auch nur eines der vorgeschriebenen Merkmale fehlen, wird der Beleg nicht anerkannt und das Unternehmen darf diese Aufwendung nicht als Betriebsausgabe geltend machen. Normalerweise gestatten die Finanzbehörden bei einer Prüfung dem Unternehmen, fehlerhafte Belege nachträglich vom Aussteller vervollständigen zu lassen, man spricht in diesem Zusammenhang auch von der »Heilung« eines Beleges. Da Betriebsprüfungen jedoch in der Regel erst mehrere Jahre später stattfinden, kann man sich leicht vorstellen, dass es meist schwierig und oft unmöglich ist, den Aussteller eines Beleges überhaupt noch ausfindig zu machen, und falls es doch gelingen sollte, ihn auch noch zur Verbesserung des Beleges zu bewegen. Werden in den Büchern eine unangemessen hohe Anzahl fehlerhafter Belege gefunden, kann die Buchhaltung sogar als Ganzes verworfen werden und die Finanzbehörden nehmen eine Schätzung vor. Dass diese Schätzung dann nicht unbedingt zum Vorteil des Unternehmens ausfällt, versteht sich von selbst.
Aus diesen Gründen muss der Filmgeschäftsführer stets darauf achten, dass es gar nicht erst zur Einreichung und Verbuchung von fehlerhaften Belegen kommt. In der Praxis hat es sich bewährt, allen Produktionsmitarbeitern ein Merkblatt zu überreichen, auf dem die zwingend erforderlichen Merkmale aufgelistet sind. Mit Hilfe dieser Checkliste können die Mitarbeiter dann bei der Bezahlung von Rechnungen und bei der Entgegennahme von Quittungen leicht die Ordnungsmäßigkeit des Beleges überprüfen.

4.2.1 Kleinbetragsrechnungen bis DM 200,00 brutto

Kleinbetragsrechnungen müssen folgende Bestandteile enthalten:

1. Name und Anschrift des Rechnungsausstellers (Lieferanten)
2. Datum der Rechnungsstellung
3. Kurzbezeichnung der Lieferung oder Leistung
4. Bruttobetrag der Rechnung (also inkl. Umsatzsteuer)
5. Prozentsatz der Umsatzsteuer

4.2.2 Rechnungen über DM 200,00 brutto

Rechnungen über DM 200,00 brutto müssen folgende Angaben enthalten:

1. Name und Anschrift des Rechnungsausstellers (Lieferanten)
2. Name und Anschrift des Rechnungsempfängers (korrekte Firmenbezeichnung mit Rechtsform)
3. Datum der Rechnungsstellung
4. Zeitpunkt oder Zeitraum der Lieferung oder Leistung
5. Genaue Beschreibung (Menge, Art, Umfang) der Lieferung oder Leistung
6. Bruttobetrag der Rechnung (also inkl. Umsatzsteuer)
7. Nettobetrag der Rechnung (Betrag ohne Umsatzsteuer)
8. Prozentsatz der Umsatzsteuer
9. Betrag der Umsatzsteuer

4.2.3 Bewirtungsbelege

Bei Bewirtungsbelegen gelten die Vorschriften für Kleinbetragsrechnungen bzw. Rechnungen entsprechend. Folgende Merkmale und Bestandteile werden darüber hinaus verlangt:

- Einzelabrechnung, also keine Zusammenfassung von Belegen
- Genaue Angabe des Anlasses der Bewirtung
- Einzelne Auflistung der bewirtenden und bewirteten Personen
- Einzelauflistung des Verzehrs (jedes Essen muss einzeln aufgeführt sein)
- Der Beleg muss maschinell erstellt sein
- Unterschrift der bewirtenden Person (Gastgeber) zur Bestätigung der Angaben
- Trinkgelder müssen extra ausgewiesen und vom Kellner quittiert werden

4.2.4 Tankquittungen

Auf Tankquittungen ist zusätzlich zu den unter 4.2.1 und 4.2.2 aufgeführten Bestandteilen die Angabe des amtlichen Kennzeichens des betankten Fahrzeugs erforderlich.

4.2.5 Taxiquittungen

Auf Taxiquittungen ist zusätzlich zu den unter 4.2.1 und 4.2.2 aufgeführten Bestandteilen der Name des Fahrgastes (bzw. die Namen der Fahrgäste) sowie Abfahrts- und Zielort der Taxifahrt anzugeben.

4.2.6 Eigenbelege

In Ausnahmefällen kann es vorkommen, dass für bestimmte Aufwendungen keine Belege vorliegen. Der für diesen Vorgang zuständige Mitarbeiter muss dann selbst einen Beleg erstellen, da Buchungen nur anhand eines Beleges vorgenommen werden dürfen. Eigenbelege werden aber nur anerkannt, wenn sie von Orten stammen, an denen üblicherweise Belege nicht erhältlich sind. In anderen Fällen muss ausführlich begründet werden, warum kein Originalbeleg vorliegt. Die Begründung muss auch für einen außenstehenden Dritten nachvollziehbar und einleuchtend sein. Eigenbelege müssen alle unter 4.2.1 und 4.2.2 aufgeführten Bestandteile enthalten und von der Produktionsleitung unterschrieben sein.

4.2.7 Rechnungen per Fax und E-Mail

Erhält der Filmgeschäftsführer eine Rechnung per Fax, muss er darauf achten, ob es sich hierbei tatsächlich um die eigentliche Rechnung handelt, oder nur um ein Avis (Vorankündigung) der Rechnung, die später im Original auf dem Postweg folgen soll. In letzterem Fall ist dafür Sorge zu tragen, dass die Rechnung nicht versehentlich zweimal verbucht und bezahlt wird.

4.2.7.1 Rechnungen per Fax

Im Fall einer Rechnungsübermittlung durch Telefax ist das beim Empfänger ankommende Schriftstück als Rechnung anzusehen. Es wird nicht zwischen einer Übermittlung auf ein normales Telefaxgerät mit und ohne Speichermöglichkeit und einer Übermittlung auf einen Computer unterschieden.

4.2.7.2 Rechnungen per E-Mail

Ausdrucke des Leistungsempfängers, die dieser aufgrund elektronisch übermittelter Rechnungsdaten selbst erstellt, werden bisher nicht als Rechnung anerkannt!

4.2.8 Belegaufbereitung

Damit der Filmgeschäftsführer die Belege ordnungsgemäß verbuchen und ablegen kann, müssen sie sinnvoll aufbereitet sein. Es ist empfehlenswert, Standards für die Belegaufbereitung auszuarbeiten und im Merkblatt für Produktionsmitarbeiter aufzunehmen. Folgendes Beispiel mag dafür als Anregung dienen: »Belege, die ein kleineres Format als DIN A 4 haben, müssen auf DIN A 4 Blätter aufgeklebt werden. Mehrere Belege dürfen nur auf dasselbe Blatt aufgeklebt werden, wenn:

- sie dieselbe Kostenart betreffen
- sie denselben Umsatzsteuersatz haben
- sie demselben Ländereffekt zugeordnet sind
- das Rechnungsdatum im selben Monat liegt«

Werden diese Regeln eingehalten, können die Belege ordentlich unter Kostenarten abgelegt und jederzeit wieder gefunden werden. Falls das Filmprojekt mit Hilfe von Fördermitteln finanziert wurde, sind nach Bundesland getrennte Auswertungen zu erstellen. Daher dürfen die Ländereffekte nicht vermischt werden, es ist also darauf zu achten, in welchem Bundesland die jeweiligen Aufwendungen angefallen sind. Die Monate dürfen nicht vermischt werden, denn für jeden Monat muss eine Umsatzsteuervoranmeldung erstellt werden. Daher soll die Finanzbuchhaltung immer monatlich abgeschlossen werden.

4.2.9 Umgang mit fehlerhaften Belegen

Belege, die den gesetzlich vorgeschriebenen Anforderungen nicht genügen, dürfen vom Filmgeschäftsführer nicht entgegengenommen werden. Fehlerhafte Rechnungen müssen vom Aussteller nachgebessert oder durch eine korrekte Rechnung ersetzt werden. Auf keinen Fall darf der Filmgeschäftsführer selbst Änderungen oder Ergänzungen auf Belegen vornehmen, das würde Urkundenfälschung bedeuten. Schwierigkeiten mit der Korrektur fehlerhafter Belege gibt es eigentlich nur, wenn der Betrag schon bezahlt wurde, daher ist es wichtig, den Beleg vorher zu prüfen. Ist die Rechnung noch nicht beglichen, schickt man sie einfach an den Rechnungssteller zurück und wartet mit der Bezahlung, bis der korrekte Beleg vorliegt. Auch dafür eignet sich ein Formular, das etwa so aussehen könnte:

Musterfilmproduktion GmbH — Ort, Datum
Straße, Nr.
PLZ, Ort

Lieferant GmbH
Straße, Nr.
PLZ Ort

Ihre Rechnung Nr. .... vom ....

Sehr geehrte Damen und Herren,

zu unserer Entlastung senden wir Ihnen Ihre Rechnung im Original wieder zurück.
Wir bitten um Neuausstellung unter Beachtung der Formvorschriften des Umsatzsteuergesetzes, insbesondere der angekreuzten Punkte:

- ☐ Ihr Name und Ihre Anschrift müssen vollständig mit Rechtsform angegeben werden.
- ☐ Unser Firmenname und unsere Anschrift müssen vollständig angegeben werden.
  Die korrekte Firmenbezeichnung mit Rechtsform lautet:
  Musterfilm GmbH, Straße, Nr., PLZ Ort.
- ☐ Das Datum der Rechnungsstellung muss angegeben werden.
- ☐ Der Zeitpunkt oder Zeitraum der Lieferung oder Leistung muss angegeben werden.

- ☐ Die genaue Beschreibung (Menge, Art, Umfang) der Lieferung oder Leistung ist notwendig.
- ☐ Der Bruttobetrag der Rechnung (also inkl. Umsatzsteuer) muss ausgewiesen werden.
- ☐ Der Nettobetrag der Rechnung (Betrag ohne Umsatzsteuer) muss ausgewiesen werden.
- ☐ Der Prozentsatz der Umsatzsteuer muss angegeben werden.
- ☐ Der Betrag der Umsatzsteuer in DM muss angegeben werden.

Bestimmt haben Sie dafür Verständnis, dass wir entsprechend den Grundsätzen ordnungsmäßiger Buchführung auf die Einhaltung der Formvorschriften bestehen müssen.

Mit freundlichen Grüßen

Filmgeschäftsführung
Vor- und Zuname

Anlage
Ihre Rechnung

4.3 Kassenführung

4.3.1 Ablauf der Kassenführung

Die Führung der Kasse ist eine der wichtigsten und verantwortungsvollsten Aufgaben des Filmgeschäftsführers. Bei größeren Projekten sollte unbedingt ein Kassierer eingestellt werden, der diese Aufgabe zuverlässig erledigt und den Filmgeschäftsführer entlastet. Teils aus Tradition, aber überwiegend aufgrund der speziellen Erfordernisse, die sich aus dem täglichen Produktionsablauf ergeben, ist der Bargeldumlauf eines Filmproduktionsunternehmens um ein Vielfaches höher als bei Firmen vergleichbarer Größe in anderen Branchen. So werden dort üblicherweise Gehälter und Löhne bargeldlos gezahlt. In der Filmbranche dagegen ist dies nicht in allen Fällen möglich (wie beim Einsatz zahlreicher Komparsen, die im Anschluss an ihren Einsatz bezahlt werden müssen, damit der Verwaltungsaufwand überhaupt bewältigt werden kann) oder nicht üblich (wie bei Spesenzahlungen an Darsteller). Auch das Beschaffungswesen ist in Unternehmen anderer Branchen langfristig organisierbar und wird daher bargeldlos abgewickelt. Beim Film dagegen rennt ständig jemand los, um irgendwelche wichtigen Requisiten oder den Lieblingstee des verwöhnten Stars zu besorgen. Jeder dieser Geschäftsvorfälle landet nun auf dem Schreibtisch des Kassierers oder beim Filmgeschäftsführer und muss entsprechend bearbeitet werden.

Das Kassenbuch kann per Hand auf Vordrucken oder mit Hilfe eines Tabellenkalkulationsprogramms geführt werden. Meist ist es jedoch im Buchhaltungsprogramm integriert. Ein Kassenbuch-Formular könnte so aussehen:

Kassenbuch

Monat: 20

Beleg-Nr.	Datum	Text	Einnahmen	Ausgaben	FIBUGegenkonto	USt-Satz	Effekt	Kostenart

Summe der Einnahmen:
+ Alter Bestand:
Summe:
./. Ausgaben:
Neuer Bestand:

Auf die einzelnen Spalten des Kassenbuchformulars wird weiter unten noch genauer eingegangen.
Der erste Eintrag im Kassenbuch muss immer eine Einzahlung sein: anders als ein Girokonto kann die Kasse nämlich nicht ins »Minus« geraten. Dies mag einleuchtend klingen, vereinzelt finden Prüfer jedoch immer wieder Kassenbücher, in denen negative Bestände verbucht wurden! In diesen Fällen haben sich Kassierer Geld aus ihrem privaten Portemonnaie geliehen, da sie mit dem vorhandenen Kassenbestand nicht alle notwendigen Ausgaben tätigen konnten. Dies wurde beim nächsten »Auffüllen« der Kasse zwar wieder ausgeglichen, diese Vorgehensweise sollte jedoch unbedingt vermieden werden: im Kassenbuch darf nie ein negativer Bestand gebucht werden.
Bevor nun die Kasse eröffnet werden kann, benötigt der Filmgeschäftsführer bzw. Kassierer einen Anforderungsbeleg mit der Unterschrift des Herstellungs- bzw. Produktionsleiters. Dann wird ein Kassen-Eingangsbeleg ausgefüllt, der Erhalt des Geldes muss quittiert werden. Der Buchungssatz kann bereits auf dem Kassen-Eingangsbeleg vermerkt werden, dies erleichtert die spätere Eingabe ins Buchhaltungsprogramm. Der Buchungssatz lautet dann »Kasse 1000 Soll an Geldtransit 1360 Haben«. Dieser Beleg (bzw. immer der neueste) wird an oberster Stelle im Kassenordner abgeheftet.

4.3.2 Auszahlungen aus der Kasse

Es dürfen keine Auszahlungen ohne den entsprechenden korrekten Beleg vorgenommen werden. Bei Auszahlungen an Produktionsmitarbeiter (Verrechnungsgelder) ist darauf zu achten, dass der Beleg die Unterschrift des Produktionsleiters trägt. Außerdem muss der Empfänger den Erhalt des Geldes quittieren. Bei der Beleg-Aufbewahrung sind dieselben strengen Sicherheitsvorkehrungen zu treffen wie bei der Aufbewahrung des Bargeldes. Würde der Beleg einer Auszahlung fehlen, hätte dies einen Kassenfehlbestand zur Folge.

4.3.2.1 V-Geld (Verrechnungsgeld)

Ein großer Teil der Aufwendungen, die während der Dreharbeiten entstehen, müssen

vor Ort bar bezahlt werden. Ähnlich verhält es sich mit Ausgaben, die in Zusammenhang mit der Drehvorbereitung stehen. Darunter fällt beispielsweise der Kauf von Material für den Bühnenbau oder die Anschaffung von Requisiten und Kostümen. Es ist leicht nachzuvollziehen, dass weder der Filmgeschäftsführer noch ein Kassierer bei jedem Einkauf anwesend sein kann. Auf der anderen Seite kann es aber auch den Produktionsmitarbeitern nicht zugemutet werden, mit ihrem privaten Geld zu bezahlen und diese Summen erst später mit der Filmgeschäftsführung abzurechnen.
Aus diesem Grund ist es erforderlich, dass bestimmte Mitarbeiter eine eigene Kasse erhalten, aus der sie die notwendigen Anschaffungen bezahlen können. Man nennt diese Kasse »Handkasse« oder »Verrechnungsgeld«.
Verrechnungsgelder dürfen vom Filmgeschäftsführer nur ausgezahlt werden, wenn ein entsprechender Beleg vorliegt, der die Unterschrift des Produktionsleiters trägt. Da dieser nicht immer leicht erreichbar ist, sollten Verrechnungsgeldanforderungen möglichst frühzeitig bei der Filmgeschäftsführung angemeldet werden. Nur dann ist es gewährleistet, dass der Filmgeschäftsführer die entsprechende Summe auch vorrätig hat und nicht erst zur Bank fahren muss. Als Beleg für die Verrechnungsgeldbuchung dient das Anforderungsformular, das z.B. folgende Daten enthält:

Verrechnungsgeld-Anforderung	
Projektname:	
Projektnummer (Kostenträger):	
V-Geld Empfänger:	
Abteilung / Funktion:	
Währung / Betrag:	
Genehmigung durch Produktionsleiter:	(Datum, Unterschrift)
Betrag erhalten:	(Datum, Unterschrift)
Buchungsvermerk der Filmgeschäftsführung:	FIBU Konto Soll: Haben:
	Kostenart:

Je nach Organisation des Produktionsunternehmens kann es sein, dass ab einer bestimmten Summe Auszahlungen nur mit Unterschrift des Herstellungsleiters vorgenommen werden dürfen oder dass sowohl Produktions- als auch Herstellungsleiter unterschreiben müssen. Diese Regelungen müssen selbstverständlich vor Produktionsbeginn geklärt und möglichst schriftlich festgehalten werden.
Verrechnungsgelder dürfen keinesfalls unter den Mitarbeitern intern weitergegeben oder untereinander ausgetauscht werden. Sie müssen regelmäßig mit der Filmgeschäftsführung abgerechnet werden. Dabei wird jede Ausgabe durch einen Beleg nachgewiesen, wobei die Belege die unter 4.2. genannten Anforderungen erfüllen müssen. Auch für die Aufbereitung der Belege gelten die entsprechenden Regelungen.
Bei der Abrechnung kann es zwei verschiedene Vorgehensweisen geben. Welche gewählt wird, muss vorher mit der Produktionsleitung abgestimmt werden.

a) Einzelabrechnung

1. Für jeden Verrechnungsgeldempfänger wird ein V-Geld-Konto eingerichtet (V-Geld Name).
2. Bei jeder Auszahlung von Verrechnungsgeld wird das V-Geld-Konto belastet. Die Buchung lautet: V-Geld Name (Soll) an Kasse (Haben).
3. Ist die Handkasse »verbraucht«, wird anhand der Belege abgerechnet. Jeder Beleg muss einzeln bearbeitet und dem entsprechenden Aufwandskonto zugeordnet werden. Die Buchungen lauten: Aufwandskonto (Soll) an V-Geld Name (Haben).
4. Ein in der Handkasse verbliebener Restbetrag wird an die Kasse zurückgezahlt. Die Buchung lautet: Kasse (Soll) an V-Geld Name (Haben).
5. Das V-Geld-Konto ist jetzt ausgeglichen. Falls der Mitarbeiter erneut Verrechnungsgeld benötigt, beginnt der Ablauf wieder von vorne.

b) Gesamtabrechnung

1. Für jeden Verrechnungsgeldempfänger wird ein V-Geld-Konto eingerichtet (V-Geld Name).
2. Nur bei der ersten Auszahlung von Verrechnungsgeld wird das V-Geld-Konto belastet. Die Buchung lautet: V-Geld Name (Soll) an Kasse (Haben).
3. Ist die Handkasse »verbraucht«, werden die Belege eingereicht und geprüft. Der Mitarbeiter erhält aus der Kasse erneut Geld, nämlich exakt in der Höhe des Gesamtbetrags der eingereichten Belege. Das V-Geld-Konto bleibt unberührt, die Forderung gegen den Mitarbeiter bleibt also in derselben Höhe bestehen. Jeder Beleg muss einzeln bearbeitet und dem entsprechenden Aufwandskonto zugeordnet werden. Die Buchungen lauten: Aufwandskonto (Soll) an Kasse (Haben).
4. Ein in der Handkasse verbliebener Restbetrag verbleibt beim Mitarbeiter, so dass er zusammen mit dem erneut ausgezahlten Betrag wieder die ursprüngliche Summe in der Handkasse hat.
5. Erst am Ende der Produktion, wenn abzusehen ist, dass der Mitarbeiter keine weitere Handkasse mehr benötigen wird, wird die Endabrechnung vorgenommen. Die restlichen Belege werden eingereicht, auf Vollständigkeit und Ordnungsmäßigkeit überprüft und den entsprechenden Aufwandskonten zugeordnet. Die Buchungen lauten: Aufwandskonto (Soll) an V-Geld Name (Haben).
6. Ein in der Handkasse verbliebener Restbetrag wird schließlich an die Kasse zurückgezahlt. Die Buchung lautet: Kasse (Soll) an V-Geld Name (Haben).
7. Das V-Geld-Konto ist ausgeglichen.

4.3.3. Belegabrechnung

4.3.3.1 Belege prüfen

Da die Belegprüfung besonders wichtig ist, sollte sich der Filmgeschäftsführer dafür einen festen Ablauf angewöhnen. Die Checkliste dazu könnte so aussehen:

1. Name und Anschrift des Rechnungsausstellers (Lieferanten)?
2. Ab DM 200,00 brutto: Name und Anschrift des Rechnungsempfängers (korrekte Firmenbezeichnung mit Rechtsform)?

3. Datum der Rechnungsstellung?
4. Ab DM 200,00 brutto: Zeitpunkt oder Zeitraum der Lieferung oder Leistung?
5. Kurztext, oder ab DM 200,00 brutto genaue Beschreibung (Menge, Art, Umfang) der Lieferung oder Leistung?
6. Bruttobetrag der Rechnung (also inkl. Umsatzsteuer)?
7. Ab DM 200,00 brutto: Nettobetrag der Rechnung (Betrag ohne Umsatzsteuer)?
8. Prozentsatz der Umsatzsteuer?
9. Ab DM 200,00 brutto: Betrag der Umsatzsteuer?
10. Bewirtungsbeleg: Genaue Angabe des Anlasses der Bewirtung?
11. Bewirtungsbeleg: Einzelne Auflistung der bewirtenden und bewirteten Personen?
12. Bewirtungsbeleg: Einzelauflistung des Verzehrs?
13. Bewirtungsbeleg: Ist der Beleg maschinell erstellt?
14. Bewirtungsbeleg: Unterschrift der bewirtenden Person (Gastgeber) zur Bestätigung der Angaben?
15. Bewirtungsbeleg: Trinkgeld extra ausgewiesen und vom Kellner quittiert?
16. Tankquittung: Angabe des amtlichen Kennzeichens des betankten Fahrzeugs?
17. Taxiquittung: Name des Fahrgastes (bzw. die Namen der Fahrgäste)?
18. Taxiquittung: Abfahrts- und Zielort der Taxifahrt?

Nur wenn alles seine Richtigkeit hat, wird der Beleg entgegengenommen und Geld aus der Kasse ausgezahlt. Die Belege werden mit Auszahlungsdatum gestempelt, eigenem Kurzzeichen versehen und anschließend in den Ordner »Kasse/ V-Gelder« bzw. in das Fach »unkontierte Belege« gegeben.

4.3.3.2 Belege verbuchen

Belege aus dem Kassenordner bzw. aus dem Fach »unkontierte Belege« werden in die Finanzbuchhaltung übernommen. Dazu erhält zunächst jeder Beleg einen Kontierungsstempel und eine Belegnummer. Diese fortlaufende Nummer wird nur zum Geschäftsjahresbeginn auf »1« zurückgesetzt, ansonsten das ganze Jahr hindurch fortgeführt. Anschließend erfolgt der Eintrag in das Kassenbuch, möglichst noch am Tag der Auszahlung, damit Fehler frühzeitig erkannt und leichter behoben werden können. Wie bereits erwähnt, kann die Eintragung per Hand erfolgen, dazu bereitet man sich entsprechende Formulare vor. Auch eine per Computer erstellte Tabelle kann als Kassenbuch dienen. Meist werden die Daten aber direkt in das verwendete Buchhaltungsprogramm eingegeben. Wichtig ist die Beachtung der Grundsätze der ordnungsmäßigen Buchführung, falsche Eintragungen dürfen daher nur gestrichen, aber nicht unkenntlich gemacht werden.

Wir erinnern uns an den Aufbau des Kassenbuch-Formulars:

Kassenbuch

Monat:			20					
Beleg-Nr.	Datum	Text	Einnahmen	Ausgaben	FIBUGegenkonto	USt-Satz	Effekt	Kostenart

Nach der fortlaufenden Belegnummer wird das Datum in das Kassenbuch eingetragen. Es ist darauf zu achten, dass hier nur das Auszahlungsdatum angegeben werden darf, also der Tag, an dem tatsächlich der entsprechende Betrag ausgezahlt worden ist. Andere Datumsangaben, wie etwa das Ausstellungsdatum des Beleges, haben hier – anders als bei der Verbuchung von Rechnungen – nichts zu suchen.
Es folgt der Buchungstext und der Bruttobetrag. Dann wird das Konto angegeben, in dem die Gegenbuchung erfolgt. Diese Kontonummer wird auch auf dem Beleg selbst vermerkt, nämlich innerhalb des entsprechenden Feldes des Kontierungsstempels. Bei Auszahlungen ist dies das passende Aufwandskonto. Die Buchung wird in den Computer eingegeben, der Buchungssatz lautet dann Aufwandskonto (Soll) an Kasse (Haben). Danach wird der Prozentsatz der Umsatzsteuer eingegeben oder ein entsprechender Schlüssel. Einzahlungen und Auszahlungen an sich unterliegen selbstverständlich nicht der Umsatzsteuer.
Für die Kostenrechnung wird schließlich noch mit Hilfe eines Effektenschlüssels angegeben, in welchem Bundesland die Auszahlung erfolgte. Dies ist natürlich nur notwendig, wenn die Produktion durch Filmförderung eines Bundeslandes mitfinanziert wurde und für die Förderungsanstalt entsprechende Verwendungsnachweise zu erbringen sind. Als letzte Position muss die passende Kostenart ins Kassenbuch eingetragen bzw. im Buchhaltungsprogramm verbucht werden. Auf diese Weise stehen die Daten sofort für wichtige Auswertungen wie den Kostenstand zur Verfügung.

4.3.3.3 Kassenabstimmung

Der Barkassenbestand, der möglichst täglich, mindestens aber zweimal wöchentlich geprüft werden sollte, wird mit dem Kassenbuch und dem -saldo aus der Computerberechnung verglichen und das Kassenabstimmungsformular ausgefüllt. Dort wird festgehalten, wie viele Banknoten und Münzen von jeder Sorte in der Kasse vorhanden sind. Auch bei einer Übergabe der Kasse an eine andere Person wird dieses Formular verwendet und von beiden unterschrieben. Natürlich müssen beim Zählen des Geldes beide Personen anwesend sein, damit bei eventuellen Differenzen festgestellt werden kann, ob sie vor oder nach der Übergabe der Kasse entstanden sind. Auf dem Kassenabstimmungsformular bestätigt der Filmgeschäftsführer mit seiner Unterschrift, dass der Bargeldbestand mit dem Buchbestand übereinstimmt. Erst nach der Kassenabstimmung können die Belege endgültig chronologisch abgeheftet werden.

4.3.3.4 Differenzen suchen

Bei der Prüfung des Kassenbestandes kann es gelegentlich zu Unstimmigkeiten zwischen Kassenbestand und -buch kommen. In diesem Fall hat der Filmgeschäftsführer zu prüfen, wo der Fehler steckt.
Dazu hilft folgende Routine:

- Die genaue Differenz wird festgestellt.
- Wenn die Differenz durch 3 teilbar ist, ist dies ein Hinweis auf einen möglichen Zahlendreher. Belege und Buchungen werden auf Zahlendreher überprüft.
- Die Differenz wird verdoppelt oder halbiert. Entspricht der daraus resultierende

Kassenabstimmung

Datum:					
Banknoten in DM	Anzahl	Gesamt DM	Münzen in DM	Anzahl	Gesamt DM
1.000,00			5,00		
500,00			2,00		
200,00			1,00		
100,00			0,50		
50,00			0,10		
20,00			0,05		
10,00			0,02		
5,00			0,01		
Zwischensumme Banknoten:			Zwischensumme Münzen:		
			+ Zwischensumme Banknoten:		
			= Summe:		
Text sonstige Belege			DM		
Zwischensumme Belege:			+ Zwischensumme Belege:		
			Gesamtsumme:		
Die Gesamtsumme stimmt mit dem Kassenbuch Seite ... bis Beleg Nr. ...... überein.					
Name Kassenführer			Name Kasse übernommen		
Unterschrift			Unterschrift		

einem verbuchten Betrag, ist dies ein Hinweis, dass möglicherweise Soll und Haben vertauscht wurde.

- Helfen diese beiden Methoden der »Schnell-Fehlersuche« nichts, muss jede einzelne Buchung im Kassenbuch anhand der Originalbelege überprüft werden.
- Falls keine Fehler zu finden sind, so ist die Differenz ein Kassenfehlbestand oder ein -überschuss. Dieser Differenzbetrag wird ausgebucht. Das Gegenkonto wird in der Regel »Kassendifferenz« genannt.

4.3.4. Kassenversicherung

Vor Beginn der Produktion kann eine Kassenversicherung abgeschlossen werden. Diese ist besonders wichtig, wenn die Drehorte weit vom Sitz der Produktionsfirma entfernt sind und der Filmgeschäftsführer zusammen mit der Kasse Reisen unternehmen muss. Aber selbst wenn dies nicht der Fall ist, sollte man doch angesichts sehr hoher Bargeldbestände, die bei Filmprojekten zur Verfügung stehen müssen, grundsätzlich über den Abschluss einer Kassenversicherung nachdenken. Da die Produktionsleitung für den Abschluß von Filmversicherungen die Verantwortung trägt, kann ein Gespräch zwischen Filmgeschäftsführer und Produktionsleiter über die Kassenversicherung bzw. die Höhe der Deckungssumme nicht schaden.

4.4 Umsatzsteuer

Der Umsatzsteuer unterliegen alle Geschäftsvorgänge (Lieferungen und Leistungen), die ein Unternehmen im Inland im Rahmen seiner unternehmerischen Tätigkeit gegen Bezahlung ausführt. Unternehmer im Sinne des Umsatzsteuergesetzes ist, wer eine nachhaltige Tätigkeit zur Erzielung von Einnahmen – auch ohne Gewinnerzielungsabsicht – selbstständig ausübt.
Die heutige Form der Umsatzsteuer gibt es seit dem 1. Januar 1968. Vorher wurde auf allen Produktions- und Handelsstufen eine Steuer vom Bruttoentgelt erhoben, so dass es zu Ungerechtigkeiten und Wettbewerbsverzerrungen kam.
Seither wird nur noch der so genannte Mehrwert versteuert. Das bedeutet, dass auf jeder Stufe der Produktion oder des Handels der Wert versteuert wird, der dem Produkt bzw. der Leistung mehr zugeführt wird, also die Differenz zwischen Einstandspreis und Verkaufspreis. Zur Ermittlung der Höhe der abzuführenden Steuer wird vom Umsatzsteuerbetrag der Ausgangsrechnungen der Umsatzsteuerbetrag der Eingangsrechnungen (die so genannte Vorsteuer) abgezogen:

Eingangsrechnung	→	Unternehmen	→	Ausgangsrechnung
Vorsteuer				Umsatzsteuer

Umsatzsteuerberechnung:

	Umsatzsteuerbetrag der Ausgangsrechnungen
./.	Umsatzsteuerbetrag der Eingangsrechnungen (Vorsteuerabzug)
=	an das Finanzamt abzuführende Umsatzsteuer

Die Umsatzsteuer, auch Mehrwertsteuer genannt, wird auf den Netto-Rechnungsbetrag aufgeschlagen. Bei Eingangsrechnungen bedeutet dieser Betrag für das Unternehmen Vorsteuer. Da sie mit der Umsatzsteuer der Ausgangsrechnungen verrechnet wird, stellt sie für das Unternehmen keinen Aufwand dar, man spricht von einem durchlaufenden Posten.
Relevante Paragraphen des Umsatzsteuergesetzes (UStG) sind im Anhang zu finden.

4.4.1 Verbuchung der Umsatzsteuer

Je nach verwendetem Buchhaltungsprogramm können die Aufwands- und Erfolgskonten bereits bei ihrer Einrichtung fest mit einem bestimmten Umsatzsteuersatz »verdrahtet« werden. Bei der Dateneingabe werden die notwendigen Buchungen dann automatisch erzeugt und die entsprechenden Beträge den passenden Konten zugewiesen.
Als Filmgeschäftsführer hat man täglich mit einer großen Anzahl von Eingangsrechnungen zu tun. Dass Ausgangsrechnungen geschrieben werden, kommt dagegen nur in Ausnahmefällen vor. Die Rechnungen an Sender oder an andere Auftraggeber stellt meist der Produzent oder die Produktionsfirma selbst.
Für die Verbuchung von Eingangsrechnungen legt sich der Filmgeschäftsführer am besten wieder eine Routine zurecht. Es führt möglicherweise zu einer großen Zeiter-

sparnis, wenn man die Eingangsrechnungen zuerst sammelt, um sie dann in einem dafür geeigneten Zeitraum alle auf einmal abzuarbeiten. Um den Stand der Buchhaltung aktuell zu halten, sollte dies in möglichst kurzen Abständen geschehen.
Bei Eingangsrechnungen, die der Umsatzsteuer unterliegen, ist nur der eigentliche Rechnungsbetrag, also der Nettobetrag ohne Umsatzsteuer, im Soll des passenden Aufwandskontos zu verbuchen. Der Betrag der ausgewiesenen Umsatzsteuer wird im Konto »Vorsteuer« ebenfalls im Soll gebucht. Auf der Seite der Verbindlichkeiten wird in der Regel für jeden Rechnungssteller ein eigenes Kreditorenkonto angelegt. Auf dieses wird im Haben der Bruttobetrag der Rechnung gebucht, also der Betrag inklusive Umsatzsteuer, den der Lieferant der Lieferung oder Leistung von uns als Zahlung erwartet.
Bei der Erfassung der Rechnungen wird bei den meisten Buchhaltungsprogrammen der Bruttobetrag mit der dazugehörenden Umsatzsteuerschlüsselung eingegeben. Die Aufteilung der Beträge erfolgt automatisch (Splittingbuchung).

4.4.2 Umsatzsteuer-Voranmeldung

Ähnlich wie beim Lohnsteuerabzug erwartet das Finanzamt auch regelmäßige Vorauszahlungen auf die Umsatzsteuerschuld, die eigentlich erst am Jahresende nach Abschluss aller Buchungen exakt berechnet werden kann. Zu dem Zweck der Berechnung und der Meldung der Vorauszahlungen ist die Umsatzsteuer-Voranmeldung auf einem amtlich vorgeschriebenen Vordruck abzugeben. Diese Formulare sind beim Finanzamt erhältlich und können per Hand oder Schreibmaschine ausgefüllt werden. Die meisten Buchhaltungsprogramme sind jedoch mit der Möglichkeit ausgestattet, das Formular mit den Einträgen auszudrucken.
Der Unternehmer hat nach § 18 UStG bis zum 10. Tag nach Ablauf jedes Voranmeldungszeitraums eine Voranmeldung abzugeben, in der er die Steuer für den Voranmeldungszeitraum, also die Vorauszahlung, selbst zu berechnen hat. Die Vorauszahlung ist ebenfalls am 10. Tag nach Ablauf des Voranmeldungszeitraums fällig.
Grundsätzlich hat die Umsatzsteuer-Voranmeldung vierteljährlich zu erfolgen. Beträgt die Steuer für das vorangegangene Kalenderjahr jedoch mehr als DM 12.000,00, gilt der Kalendermonat als Voranmeldungszeitraum. Unternehmer, deren Umsatzsteuer für das vorangegangene Jahr nicht mehr als DM 1.000,00 betragen hat, können vom Finanzamt von der Verpflichtung zur Abgabe der Voranmeldungen und Entrichtung der Vorauszahlungen befreit werden. Am Jahresende ist natürlich trotzdem eine Umsatzsteuerberechnung durchzuführen und gegebenenfalls eine Zahlung zu entrichten.
Da sich die Umsatzsteuervorauszahlungen nicht auf einzelne Projekte beziehen, sondern auf das gesamte Unternehmen, gehört die Erstellung der Vordrucke normalerweise nicht zur Aufgabe des Filmgeschäftsführers. Er ist allerdings dafür verantwortlich, der Hauptbuchhaltung des Unternehmens rechtzeitig die entsprechenden Zahlen zu übermitteln, die sich aus der Projektbuchhaltung ergeben und die in die Umsatzsteuer-Voranmeldung einfließen müssen. Bei kleinen Produktionsfirmen, bei denen das gerade laufende Projekt die gesamte unternehmerische Tätigkeit darstellt, muss der Filmgeschäftsführer nicht selten die Aufgabe der Hauptbuchhaltung mitübernehmen

und die Umsatzsteuer-Voranmeldung selbst erstellen. Allerdings darf er sie nicht unterschreiben, das muss der Unternehmer selbst oder sein Bevollmächtigter tun. Empfehlenswert ist, dem Finanzamt eine Einzugsermächtigung zu erteilen, so dass die Umsatzsteuer-Vorauszahlungen immer pünktlich abgebucht werden. Bei verspäteten Zahlungen berechnet das Finanzamt nämlich Verzugszinsen. Außerdem bleibt bei dieser Zahlungsform das Geld länger auf dem eigenen Konto als bei der Überweisung, die ja zwei Tage vor dem Termin erfolgen müsste. Bei großen Unternehmen mit entsprechend hohen Umsatzsteuerbeträgen führen derartige Überlegungen und Planungen im Laufe der Zeit zu nicht unerheblichen Einsparungen.
Falls der Filmgeschäftsführer die Umsatzsteuer-Voranmeldung selbst erstellt, können folgende Hinweise zum Ausfüllen der Vordrucke hilfreich sein: Bevor er sich mit diesen näher beschäftigt, sollte er prüfen, ob die Steuermeldungen nicht auch auf maschinell auswertbaren Datenträgern oder über Datenfernübertragung verarbeitet werden. Genaueres erfährt der Filmgeschäftsführer beim zuständigen Finanzamt.
Eine andere Methode wird z.B. in Nordrhein-Westfalen angewandt: Zur Erhöhung der Wirtschaftlichkeit der Finanzverwaltung werden alle Umsatzsteuer-Voranmeldungen und Lohnsteuermeldungen per optischer Beleglesung (Scanner-Verfahren) vollautomatisch verarbeitet. Dazu ist es erforderlich, die Vordrucke lesbar auszufüllen und dabei sollten folgende Grundsätze beachtet werden:

1. bei geforderten Betragsangaben in vollen DM bitte keine Nachkommastellen eintragen (Eintragung also z.B. 521 und nicht 521,00)
2. bei geforderten Betragsangaben in DM/ Pf bitte Nachkommastellen mit Ziffern eintragen (Eintragung bei glatten DM-Beträgen also 521,00 und nicht 521,–)
3. Stempel und Unterschriften dürfen nicht in Betragsfelder hineinragen (auch nicht teilweise)
4. leere Felder bitte nicht durchstreichen (bei zwingend geforderten Werten ggf. mit »0« ausfüllen)
5. negative Beträge nicht mit roter Farbe eintragen und kein kaufmännisches Minuszeichen (./.) verwenden, sondern das Minuszeichen vor die Zahl (-521)
6. bei handschriftlichen Eintragungen bitte deutlich lesbar schreiben. Es sollten immer die neuesten Hinweise des Finanzamtes beachtet werden, da sich in der Regel jährlich etwas ändert.

4.4.3 Dauerfristverlängerung

Die Umsatzsteuer-Voranmeldung (= die Zahlung der Umsatzsteuer an das Finanzamt) erfolgt bis zum 10. Tag nach Ablauf jedes Voranmeldungszeitraums, also bis zum 10. des Folgemonats. Braucht ein Unternehmen aus irgendwelchen Gründen regelmäßig mehr Zeit, um die Buchhaltung monatlich abzuschließen, gibt es beim Finanzamt die Möglichkeit eine Dauerfristverlängerung zu beantragen. Der Abgabetermin für die Umsatzsteuer-Voranmeldung verschiebt sich dann immer um einen Monat. Als Ausgleich für die entgangenen Zinsen verlangt das Finanzamt allerdings, dass im Januar eines jeden Jahres ein Elftel der Umsatzsteuererlöse des Vorjahres bezahlt werden muss. Dieser Betrag wird dann im Dezember wieder verrechnet.

Da bei Filmproduktionen sowieso stets zeitnah gebucht werden muss, damit immer aktuelle Kostenstände und andere Auswertungen zu Verfügung stehen, ist es normalerweise nicht notwendig, diese Möglichkeit der Dauerfristverlängerung in Anspruch zu nehmen. Bei kleinen Produktionsunternehmen kann durch die Dauerfristverlängerung außerdem die Gefahr entstehen, dass nach einem erfolgreich abgeschlossenem Geschäftsjahr im folgenden Januar plötzlich eine unverhältnismäßig hohe Vorauszahlung geleistet werden muss (ein Elftel der Umsatzsteuererlöse des Vorjahres), obwohl vielleicht in dem neuen Jahr noch gar keine Aufträge vorliegen.

4.4.4 Umsatzsteuersonderprüfung

Wenn in einem Voranmeldungszeitraum die Summe der Vorsteuer einmal höher ist als die Summe der Umsatzsteuer, ergibt sich eine negative Umsatzsteuerschuld. In diesem Fall erhält das Unternehmen vom Finanzamt eine Umsatzsteuererstattung. Jeder, der schon einmal eine Filmproduktion miterlebt hat, weiß, dass während der Produktionsphase fast nur Eingangsrechnungen verbucht werden, was regelmäßig zu einer Vorsteuererstattung durch das Finanzamt führt, falls das Unternehmen in diesem Zeitraum keine entsprechenden Einnahmen aus anderen Aktivitäten hat. Das Gleiche gilt für neugegründete Unternehmen, die zunächst investieren müssen und erst später mit Einnahmen rechnen können.

Erhält das Finanzamt mehrmals hintereinander Umsatzsteuer-Voranmeldungen, die zu einer Vorsteuererstattung führen, fragt es vor einer Auszahlung in der Regel nach, woran dies liegt. Natürlich können die Besonderheiten, die bei Filmproduktionen eben üblich sind, dann erklärt werden, ebenso kann auch ein Cashflowplan vorgelegt werden, aus dem das Finanzamt erkennen kann, wann Gelder von den Auftraggebern fließen werden, was dann wiederum durch Vertragskopien nachgewiesen werden muss. Man kann sich leicht vorstellen, dass solcherlei Schriftwechsel zu erheblichen Verzögerungen führen kann, mit der Folge, dass monatelang auf Vorsteuererstattungen gewartet werden muss. Dies kann dazu führen, dass das Produktionsunternehmen höhere Zwischenfinanzierungen und Kredite benötigt, um die Produktion abzuwickeln, was sich letztendlich negativ auf das Betriebsergebnis auswirkt. Damit das Finanzamt Vorsteuererstattungen problemlos abwickeln kann, sollte es rechtzeitig die Möglichkeit erhalten, sich ein Bild von der Art des Unternehmens bzw. des Projekts zu machen, am besten durch eine Umsatzsteuersonderprüfung, die das Unternehmen selbst beantragt. Während dieser Prüfung wird dem Finanzamt nachgewiesen, wann mit den Erlösen aus dem Projekt zu rechnen ist und dass bei Filmproduktionen normalerweise zunächst nur Geld ausgegeben wird. Es schadet übrigens nicht, den zuständigen Sachbearbeiter auch einmal zu einem Besuch der Dreharbeiten einzuladen.

Eine gute Möglichkeit für das Unternehmen, etwas mehr flüssige Mittel auf dem Konto zu behalten, sei an dieser Stelle auch noch erwähnt: Hat sich das Finanzamt erst einmal an die regelmäßige Vorsteuererstattung gewöhnt, ist es oft günstig, einen Antrag auf Verrechnung von Umsatzsteuer und Lohnsteuer zu stellen. Zu diesem Zweck wird dem Finanzamt eine Aufstellung vorgelegt, aus der hervorgeht, wie hoch die Lohnsteuerzahllast und wie hoch das Umsatzsteuerguthaben des entsprechenden Zeitraums ist.

Wenn das Finanzamt einverstanden ist, können die Summen dann saldiert werden und – falls die Lohnsteuerzahllast höher ist – muss das Unternehmen nur noch die Differenz überweisen. Falls das Umsatzsteuerguthaben überwiegt, muß das Firmenkonto gar nicht belastet werden, man wartet dann nur noch auf den Geldeingang des Differenzbetrages.

4.4.5 Ist- und Sollbesteuerung

Die Unterscheidung zwischen Ist- und Sollbesteuerung ist für die Berechnung der Umsatzsteuer von entscheidender Bedeutung, insbesondere in Bezug auf die Erstellung der Umsatzsteuer-Voranmeldung.
Die Sollbesteuerung stellt den Regelfall dar. Die Berechnung der Umsatzsteuer erfolgt anhand der vereinbarten Entgelte, das heißt, die Umsatzsteuerschuld entsteht zum Zeitpunkt der Leistung bzw. Lieferung, auf die sich die Rechnung bezieht. Für die Voranmeldung ist also nicht der Zeitpunkt der Zahlung relevant, sondern der Zeitpunkt der Lieferung oder Leistung, denn die Umsatzsteuer entsteht mit Ablauf des Voranmeldungszeitraums, in dem die Lieferung oder Leistung ausgeführt wird. In ungünstigen Fällen kann dies bedeuten, dass der Unternehmer gegen Ende eines Voranmeldungszeitraums eine hohe Ausgangsrechnung stellt und die darauf ausgewiesene Umsatzsteuer kurz darauf an das Finanzamt abführen muss, obwohl die Bezahlung der Rechnung vielleicht erst viel später erfolgt.
Der Ausnahmefall ist die Istbesteuerung. Die Berechnung der Umsatzsteuer erfolgt anhand der vereinnahmten Entgelte. Hierbei ist für die Umsatzsteuer-Voranmeldung das Datum des Zahlungseingangs relevant, denn die Umsatzsteuer entsteht mit Ablauf des Voranmeldezeitraums, in dem das Entgelt vereinnahmt wird. Die Istbesteuerung ist nach § 20 UStG auf Antrag möglich, wenn der Gesamtumsatz des Unternehmens im vorangegangenen Kalenderjahr nicht mehr als DM 250.000,00 beträgt. Außerdem ist die Istbesteuerung bei Unternehmen möglich, die von der Verpflichtung, Bücher zu führen und auf Grund jährlicher Bestandsaufnahmen Abschlüsse zu machen, nach § 148 Abgabenordnung (AO) befreit sind. Personen, die eine Tätigkeit als Angehöriger eines freien Berufs im Sinne des § 18 Einkommensteuergesetz (EStG) ausüben, berechnen die Umsatzsteuer normalerweise ebenfalls nach der Methode der Istbesteuerung.

4.4.6 Kleinunternehmer

Die Besteuerung der Kleinunternehmer stellt eine Besonderheit dar. Zwar ist auch ein Kleinunternehmer grundsätzlich umsatzsteuerpflichtig, aber die Umsatzsteuer muss nicht zwingend erhoben und deshalb auch nicht abgeführt werden.
Der Kleinunternehmer darf, wenn er diese Regelung in Anspruch nimmt, natürlich keine Umsatzsteuer auf seinen Rechnungen ausweisen. Dementsprechend ist er auch nicht zum Abzug der Vorsteuer berechtigt. Schreibt er dennoch eine Rechnung mit Umsatzsteuer, beispielsweise versehentlich, muss er den ausgewiesenen Betrag auch abführen, egal ob er als Kleinunternehmer geführt wird oder nicht (schließlich zieht ja der Rechnungsempfänger auch die Vorsteuer).

Damit der Kleinunternehmer diese Befreiung von der Erhebung der Umsatzsteuer in Anspruch nehmen kann, muss er einen entsprechenden Antrag beim Finanzamt stellen. Erst, wenn das Finanzamt zustimmt, wird der Kleinunternehmerstatus wirksam. Folgende zwei Voraussetzungen müssen hierfür, nach § 19 UstG, erfüllt sein:

1. Im Vor- bzw. Anfangsjahr darf der Unternehmer maximal DM 32.500,00 Gesamtumsatz inkl. Umsatzsteuer erwirtschaftet haben.
2. Im laufenden Jahr darf der Unternehmer maximal DM 100.000,00 DM Gesamtumsatz inkl. Umsatzsteuer erwirtschaften.

Sobald der Kleinunternehmer absehen kann, dass die Grenze von DM 100.000,00 voraussichtlich überschritten wird, endet der Kleinunternehmerstatus und es ist Umsatzsteuer an das Finanzamt abzuführen. Bei der Rechnungsstellung muss der Kleinunternehmer im Rechnungstext auf seinen Status hinweisen. Auf einer Kleinunternehmer-Rechnung kann zum Beispiel stehen: »Rechnungsbetrag DM ......«, dabei setzt der Unternehmer den Bruttorechnungsbetrag ein.

»Ich versichere, dass ich als Kleinunternehmer geführt werde und daher keine Umsatzsteuer ausweise.«

Sobald der Kleinunternehmer die Umsatzsteuer ausweist, zieht der Rechnungsempfänger die Vorsteuer ab und der Rechnungssteller muss die ausgewiesene Umsatzsteuer abführen.

4.4.7 Umsatzsteuerausweis auf Rechnungen

Die folgenden drei Fälle sind zu unterscheiden:

1. Der Rechnungssteller ist nicht umsatzsteuerpflichtig gemäß UStG. Der Filmgeschäftsführer prüft, ob die Rechnung richtig ausgestellt wurde. Neben dem Rechnungsbetrag darf keine Umsatzsteuer genannt oder ausgewiesen sein. Außerdem muss sich der Filmgeschäftsführer vergewissern, dass der Rechnungssteller tatsächlich nicht umsatzsteuerpflichtig ist. Hierbei ist jeder Einzelfall separat zu betrachten, eine pauschale Regelung gibt es nicht. Meist handelt es sich um Rechnungen von Privatpersonen, z.B. für Drehgenehmigungen.
2. Der Rechnungssteller ist Kleinunternehmer gemäß UStG. Auch in diesem Fall darf neben dem Rechnungsbetrag keine Umsatzsteuer genannt oder ausgewiesen sein. Der Filmgeschäftsführer muss darauf achten, dass auf der Rechnung ein Hinweis auf den Status des Kleinunternehmers zu finden ist (vgl. 4.4.6).
3. Der Rechnungssteller ist umsatzsteuerpflichtig gemäß UStG. Auch hier muss die Richtigkeit der Rechnung überprüft werden. Der Prozentsatz der Umsatzsteuer muss genannt sein und bei Rechnungsbeträgen über DM 200,00 brutto muss der Umsatzsteuerbetrag in DM ausgewiesen sein.

Im Fall einer Rechnungsübermittlung durch Telefax ist das beim Empfänger ankommende Schriftstück gemäß Schreiben des Bundesministeriums für Finanzen (BMF) vom 25.5.1992 als eine zum Vorsteuerabzug berechtigende Rechnung anzusehen. Ausgehend vom damaligen Kenntnisstand wird nicht zwischen einer Übermittlung auf ein so genanntes Telefax-Standardgerät mit und ohne Speichermöglichkeit und einer Übermittlung auf einen Computer unterschieden.

Im Rahmen der Erörterung der Übermittlung von Rechnungsdaten auf elektronischem Weg sind Zweifel aufgekommen, ob der Ausdruck bei der Übermittlung von Rechnungsdaten durch Telefax auf ein Endgerät mit Speichermöglichkeit bzw. auf einen Computer beim Leistungsempfänger eine anzuerkennende Rechnung ist. Es wurde auch die Frage aufgeworfen, ob die von der Telekom AG vorgesehene papierlose Telefonrechnung steuerlich anzuerkennen ist.
Die Erörterung der Angelegenheit durch die Umsatzsteuer-Referatsleiter führte zu folgenden Ergebnissen:

1. Übermittlung von Rechnungsdaten durch Telefax: Es erfolgt keine Änderung der Nr. 2 des oben genannten BMF-Schreibens vom 25.5.1992. Somit sind Telekopien (Telefaxe) – unabhängig von der Beschaffenheit des Endgerätes beim Empfänger – weiterhin als zum Vorsteuerabzug berechtigende Rechnungen im Sinne des § 14 UStG anzusehen.
2. Papierlose Telefonrechnung: Es besteht keine Möglichkeit, im Verwaltungsweg Formen der Rechnungsübermittlung steuerlich anzuerkennen, die über die Regelungen des oben genannten BMF-Schreibens hinausgehen. Somit bleibt es dabei, dass die Verwaltung Ausdrucke des Leistungsempfängers, die dieser aufgrund elektronisch übermittelter Rechnungsdaten selbst erstellt, nicht als Rechnung im Sinne des § 14 UStG anerkennt (OFD Koblenz, Vfg. Vom 1. April 1999).

4.4.8 Fehlerhaft ausgewiesene Umsatzsteuer

Eingangsrechnungen, die Formfehler enthalten, werden grundsätzlich an den Rechnungssteller zurückgeschickt mit der Bitte um eine neue, korrekte Rechnung. Sollte dies nicht möglich sein oder aus bestimmten Gründen nicht gewünscht werden, sind die fehlerhaften Rechnungen wie folgt zu behandeln:

4.4.8.1 Auf einer Rechnung ist die Umsatzsteuer mit 7 % statt mit 16 % ausgewiesen.
Die fehlerhaft zu gering ausgewiesene Umsatzsteuer ist zum Vorsteuerabzug heranzuziehen. Es darf keine Korrektur vorgenommen werden.

4.4.8.2 Auf einer Rechnung ist die Umsatzsteuer mit 16 % statt mit 7 % ausgewiesen.
Ist die Umsatzsteuer zu hoch ausgewiesen, darf nur der für die Leistung tatsächlich gesetzlich vorgesehene, korrekte Betrag als Vorsteuer geltend gemacht werden (Europäischer Gerichtshof, Urteil vom 13.12.1989). Der Rechnungsaussteller schuldet dem Finanzamt jedoch den zu hohen ausgewiesenen Steuerbetrag.

4.4.8.3 Auf einer Rechnung ist ein Phantasieprozentsatz (z.B. 19 %) ausgewiesen.
Die oben stehenden Regelungen gelten entsprechend.

4.4.8.4 Der Umsatzsteuerprozentsatz ist korrekt ausgewiesen. Der Betrag wurde aber fehlerhaft berechnet.
Es ist kein Vorsteuerabzug möglich, weil keine ordnungsgemäße Rechnung vorliegt.

4.4.8.5 Der Betrag der Umsatzsteuer wurde überhaupt nicht angegeben.
Es darf keine Vorsteuer gezogen werden. Eine Ausnahme bilden Kleinbetragsrechnungen (bis DM 200,00 Gesamtrechnungsbetrag) und Fahrausweise: hier dürfen die Vorsteuerbeträge selbst ausgerechnet werden.

4.5 Verarbeitung von Eingangsrechnungen

Sitzt der Filmgeschäftsführer in einem abgelegenen Produktionsbüro, muss er sich zunächst einmal darum kümmern, dass die sein Projekt betreffenden Eingangsrechnungen überhaupt bei ihm ankommen. In der Regel werden sie ihm durch das Produktionssekretariat oder die Abteilung Produktions- bzw. Herstellungsleitung vorgelegt.
Die weitere Verarbeitung kann dann wie folgt ablaufen:

1. Die Rechnung wird mit Eingangsstempel (Datum) und Handzeichen versehen
2. Die Eingangsrechnung wird auf Richtigkeit geprüft: dies beinhaltet sowohl die formelle Prüfung wie unter 4.2 beschrieben als auch die rechnerische Prüfung
3. Falls ein Lieferschein vorhanden ist, wird er angeheftet
4. Die Eingangsrechnung wird mit dem Buchungsstempel versehen

   Projekt Nr.:
   Kostenart:
   Betrag (DM):
   FIBU Konto Soll:
   FIBU Konto Haben:
   Steuerschlüssel:

   Bezahlt am:
   Per Scheck / Überweisung Nr.:
   Kontoauszug Nr.:

5. Anschließend geht die Rechnung zur Überprüfung der sachlichen Richtigkeit und im Idealfall auch zur Kontierung der Kostenart an den Produktionsleiter. Wenn der Filmgeschäftsführer eine Kopie der Rechnung behält, kann er kontrollieren, ob der Produktionsleiter tatsächlich alle Rechnungen bearbeitet und (ggf. nach Zustimmung der Fachabteilungen) wieder zurückleitet.
6. Wenn die Rechnung wieder vorliegt, wird geprüft, ob der Produktionsleiter die Kostenart kontiert und die sachliche Richtigkeit bestätigt hat.
7. Anschließend wird die Rechnung verbucht. Der Buchungssatz der Finanzbuchhaltung lautet grundsätzlich: Sachkonto und Vorsteuer (Soll) an Lieferant (Haben).
8. Der Buchungssatz für die Betriebsbuchhaltung (Kostenrechnung) wird im selben Arbeitsschritt erledigt: Hauptkostenträger, ggf. Unterkostenträger (z.B. Länder-Effekt) an Kostenart.
9. Die erfolgte Buchung wird auf der Rechnung vermerkt (mit einem Stempel »gebucht am«, Datum und Handzeichen)

10. Die Rechnungen werden im Ordner »Kreditoren / Debitoren« nach dem Alphabet bis zur Bezahlung abgeheftet

Wann die Rechnung bezahlt werden soll, hängt von der Entscheidung des Produktionsleiters ab. Damit dieser eine sinnvolle Entscheidung treffen kann, legt ihm der Filmgeschäftsführer eine »Offene Posten Liste (OP-Liste)« und eine Liquiditätsplanung vor. Aus der OP-Liste ist ersichtlich, welche Beträge zu welchen Terminen an welche Lieferanten gezahlt werden müssen. Die Liquiditätsplanung gibt Aufschluss über den Kontostand und über weitere Verbindlichkeiten, wie z.B. anstehende Gehaltszahlungen oder die an das Finanzamt abzuführenden Beträge.

Beispiel OP-Liste:

Firma:

Erstelldatum:

Von Lieferanten Nr. ...... bis Lieferanten Nr. ......

Lieferanten-Nr.	Lieferant	Rechnungs-Nr.	Rechnungsdatum	Fälligkeitsdatum	Buchungstext	Rechnungsbetrag
...						

Die in der OP-Liste enthaltenen Daten können je nach Buchhaltungsprogramm auch nach anderen Kriterien geordnet aufbereitet werden, z.B. sortiert nach Fälligkeitsdatum.

Beispiel Liquiditätsplanung:

Liquiditätsplanung bis:			
Erstelldatum:			
Name der Bank	Konto-Nr.	Kontostand	Soll / Haben
A-Bank			
B-Bank			
C-Bank			
Kassenbestand			
Schecks und Überweisungen im Umlauf			
A-Bank			
B-Bank			
C-Bank			
Wir verfügen derzeit über		SALDO:	
Gehälter / Gagen netto zum Monatsende:		SALDO:	
Umsatzsteuer:		Termin:	
Lohnsteuer:		Termin:	
Sozialversicherung:		Termin:	
Unbezahlte Rechnungen gesamt:		DM	
Davon sofort fällig:		DM	
Wenn wir sofort bezahlen, haben wir noch:		DM	
Forderungen an Kunden (bei Geldeingang)		DM	
		Gesamt-SALDO:	

Ist die Rechnung zur Bezahlung freigegeben, kann wie folgt vorgegangen werden:

1. Die Zahlung wird per Überweisung oder Scheck durchgeführt. Die meisten Buchhaltungsprogramme besitzen Funktionen, die einen EDV-gestützten Zahlungsverkehr per Diskettenclearing oder Electronic Banking ermöglichen. Meist wird vom Programm gleichzeitig zu jeder Überweisung eine automatische Buchung »Lieferant (Soll) an Zahlungen im Umlauf (Haben)« vorgenommen. Sollten dennoch Schecks und Überweisungsformulare (auf Papier) verwendet werden, müssen sie vom Produktions- oder Herstellungsleiter unterschrieben werden.
2. Die Scheck- oder Überweisungsnummer bzw. die Nummer des Überweisungsvorgangs wird auf der Rechnung im entsprechenden Feld des Buchungsstempels eingetragen.
3. Während des Zahlungsvorgangs (Überweisungs- / Diskettenauftrag) wird die Rechnung im Bankordner in der Rubrik: »Überweisungen im Umlauf« abgelegt.
4. Sobald die Überweisung auf dem Kontoauszug registriert ist, wird das Auszugsdatum und die Auszugsnummer auf der Rechnung im entsprechenden Feld des Buchungsstempels vermerkt.
5. Zu diesem Zeitpunkt erfolgt auch die endgültige Buchung der Zahlung in der Finanzbuchhaltung. Der Buchungssatz lautet grundsätzlich für jede einzelne Überweisung »Lieferant (Soll) an Bank (Haben)«. Bei automatischen Sammelüberweisungen erscheint auf dem Kontoauszug jedoch nur noch der Gesamtbetrag und falls unter Punkt 1 bereits die Einzelbuchungen erfolgt sind, muss jetzt natürlich nur noch der Gesamtbetrag »Zahlungen im Umlauf (Soll) an Bank (Haben)« gebucht werden.
6. Abschließend wird die Rechnung im Kostenträger-Ordner unter der jeweiligen Kostenart (KA) abgeheftet, dabei kann es notwendig sein, Kopien der Rechnung zu erstellen, wenn mehrere Kostenarten betroffen sind. Alternativ kann die Rechnung auch alphabetisch nach Kreditoren geordnet abgeheftet werden.

4.6 A-Konto Zahlungen

Von A-Konto Zahlungen spricht man, wenn – ähnlich wie bei Ratenzahlungen – die Gesamtsumme auf mehrere Zahlungen aufgeteilt wird. Ein Rechnungssteller bekommt z.B. zu Beginn seiner Tätigkeit eine Anzahlung auf sein Honorar und zum Ende der Produktion mit der Rechnungsstellung den Restbetrag. Die A-Konto Zahlung wird in der Buchhaltung nur im Zahlungsverkehr gebucht (also nicht als Aufwand).

4.7 Zahlungsverkehr

Ist die Rechnung vom Herstellungs- bzw. Produktionsleiter zur Zahlung freigegeben, so gibt es mehrere Möglichkeiten der Zahlung, z.B. als Überweisung, Auslandsüberweisung oder Scheck.

4.7.1 Überweisungen

Soll ein Betrag überwiesen werden, stehen mehrere Verfahren zur Verfügung: Die Einzelüberweisung, der Ausdruck von »Endlosformularen«, die Überweisung per Datenträger oder Online-Banking.

Das Einzelverfahren ist jeder Privatperson geläufig. Der Filmgeschäftsführer geht wie folgt vor: Er füllt einen Vordruck der Bank aus und heftet den Durchschlag (falls vorhanden) oder eine Kopie im Bankordner unter der Rubrik »Überweisungen im Umlauf« ab.

Ein langsam aussterbendes Verfahren ist der Ausdruck von Überweisungen als »Endlosformulare«. Endlosüberweisungen gibt es zwar noch, aber die meisten Banken erheben für die Bearbeitung hohe Gebühren (z.B. die Sparkasse Koblenz DM 2,00 pro Beleg).

Idealerweise sollten Massenüberweisungen per Datenträgeraustausch (meist Diskettenclearing) durchgeführt werden; sind es nur wenige Überweisungen, per BTX oder Online-Banking.

4.7.2 Auslandsüberweisungen

Die Auslandsüberweisung kann unter teilnehmenden Banken im S.W.I.F.T. (Society for world wide interbanking financial telekommunication)-Verfahren durchgeführt werden. Der so genannte »Zahlungsauftrag im Außenwirtschaftsverkehr« unterliegt dabei der Meldepflicht nach § 59 der Außenwirtschaftsordnung. Demnach muss eine Meldung ab DM 5.000,00 oder entsprechendem Gegenwert im grenzüberschreitenden Zahlungsverkehr erfolgen. Dabei muss ein Gebietsfremder Empfänger oder Auftraggeber der Überweisung sein. Auch wenn innerhalb Deutschlands z.B. US$ überwiesen werden, muss eine Meldung erfolgen. Exporterlöse sind nicht meldepflichtig.

Die Geschäftsbank hält für ihre Kunden spezielle Auslandsüberweisungsformulare bereit. Eine Auslandsüberweisung ist mit hohen Kosten auf beiden Seiten verbunden. Mit dem Empfänger ist vorab zu abklären, ob er seine Bankgebühren selbst trägt, sonst muss der Geschäftsbank der Auftrag als spesenfrei erteilt werden.

Nachteil einer Auslandsüberweisung ist die sofortige Belastung des eigenen Kontos, obwohl der Empfänger je nach Land sein Geld erst nach vielen Tagen oder Wochen erhält. Deshalb ist es wichtig, dass beim Ausstellen eines SWIFT die SWIFT-Code-Nummer bei der entsprechenden Bank abgefragt wird. Der Vorteil dieser Nummer ist, dass der Begünstigte z.B. mit einer per Fax übermittelten Kopie des Auslandsüberweisungsauftrags zu seiner Bank gehen und über das Geld verfügen kann.

4.7.3 Scheck

Es gibt mehrere Arten von Schecks:

Ein Bar-Scheck wird auf eine bestimmte Person ausgestellt. Diese kann damit zur Bank gehen, auf die der Scheck ausgestellt ist, und sich den Betrag unter Vorlage ihres Personalausweises bar auszahlen lassen, wenn das zu belastende Konto gedeckt ist. Der Empfänger kann den Betrag aber auch über Scheckeinreichung seinem Konto gutschreiben lassen. Die Wertstellung dauert gewöhnlich drei bis fünf Tage.

Der Verrechnungsscheck (V-Scheck) kann wie die Überweisung einzeln oder im Endlosverfahren verarbeitet werden. Der Vorteil für den Aussteller im Vergleich zur Überweisung ist, dass sein Konto später belastet wird.
Beide Scheckarten haben keine garantierte Mindestsumme wie sie der Euro-Scheck noch besitzt. In Verbindung mit der angegebenen Scheckkartennummer hat der Euro-Scheck in Deutschland eine Garantiesumme von DM 400,00. Damit wird der Euro-Scheck bis zu dieser Höhe zum garantierten Bar-Scheck. Darüber hinaus wird er durch den Vermerk »Nur zur Verrechnung« (links oben notiert) zum V-Scheck. Der Euro-Scheck kann mit jeder beliebigen Summe und jeder beliebigen Währung ausgestellt werden, Beträge über DM 400,00 werden allerdings nur bei Deckung eingelöst. Dabei ist wie bei der Auslandsüberweisung die Meldepflicht nach § 59 AWV zu beachten.

4.8 Sponsoring, Mäzenatentum und Spenden

Sponsoring ist eine wirtschaftliche Unterstützung in Form von Geld oder geldwerten Leistungen auf der Basis eines privatrechtlichen Vertragsverhältnisses zwischen Sponsor und Gesponsertem. Der Gesponserte übernimmt als Gegenleistung Werbeverpflichtungen zugunsten des Sponsors. Dies ist auch der Unterschied zwischen Sponsor und Mäzen: Der Mäzen wendet dem Beschenkten finanzielle Vorteile zu, ohne eine Gegenleistung zu fordern.

4.8.1 Steuerliche Behandlung beim Sponsor / Spender

Ein Unternehmen kann seine Sponsoraktivitäten als Betriebsausgaben von der Steuer abziehen, wenn eine betriebliche Veranlassung vorliegt und wirtschaftliche Vorteile erreicht werden sollen. Dies trifft zu, wenn z.B.:

- das Produkt einen engen Bezug zum geförderten Bereich hat
- das unternehmerische Ansehen gesichert oder erhöht wird
- auf den Sponsor bzw. dessen Produkt werbewirksam (auf Plakaten, Katalogen, Fahrzeugen usw.) hingewiesen wird
- der Sponsor in die Öffentlichkeitsarbeit des Gesponserten eingebunden wird
- das Logo oder der Name des Gesponserten in der eigenen Werbung des Sponsors verwendet wird.

Ob die Leistungen notwendig, üblich oder zweckmäßig sind, spielt bei der Berücksichtigung der Sponsoring-Aufwendungen als Betriebsausgaben keine Rolle. Auch ist es unbedeutend, ob die Leistungen und die erstrebten Werbeziele gleichwertig sind. Zuwendungen eines Geldgebers sind nicht als Betriebsausgaben, sondern als Spenden anzusehen, so weit sie um der Sache selbst, ohne Erwartung eines besonderen Vorteils gegeben werden und sie steuerbegünstigten Zwecken dienen. Wenn ein betrieblicher Nebenanlass besteht (der Geldgeber erwartet wirtschaftliche Vorteile als Nebeneffekt), aber die entsprechende Spendenmotivation (Förderung des Sports, der Kultur bzw. der Kunst) überwiegt, sind die Zuwendungen vollständig als Spende anzusehen. Als Nachweis muss dem Finanzamt eine Spendenbescheinigung vorgelegt werden.

Falls weder die Voraussetzungen für den Betriebsausgaben- noch für den Spendenabzug erfüllt sind, handelt es sich um nicht abzugsfähige Kosten der Lebensführung.

4.8.2 Steuerliche Behandlung beim Gesponserten / Spendenempfänger

Die steuerliche Behandlung des Gesponserten ist unabhängig von der Verfahrensweise beim Sponsor. Es ist grundsätzlich von steuerpflichtigen Einnahmen eines wirtschaftlichen Geschäftsbetriebs auszugehen.
Die Abgrenzung zwischen steuerfreien und steuerpflichtigen Sponsoring-Einnahmen hängt also von der Frage ab, ob der Gesponserte überhaupt einen steuerpflichtigen wirtschaftlichen Geschäftsbetrieb hat. Diese Beurteilung ist nicht immer einfach: Gemäß Erlass des bayerischen Finanzministeriums vom 11.2.2000 kann beispielsweise ein gemeinnütziger Verein bereits dadurch zum steuerpflichtigen wirtschaftlichen Geschäftsbetrieb werden, wenn er ein Logo des Sponsors auf seiner Internetseite platziert und wenn durch einen Link auf dem Logo des Sponsors zu den Werbeseiten der sponsernden Firma umgeschaltet werden kann. Dadurch liegt eine Werbeleistung des Vereins vor, die zur Annahme eines steuerpflichtigen wirtschaftlichen Geschäftsbetriebs führt. Dagegen sind die Einnahmen des Vereins nicht steuerpflichtig, wenn die Internetseite zwar das Logo des Sponsors enthält, eine Umschaltung zu dessen Werbeseiten aber nicht möglich ist.
Als Spende gelten Zuwendungen nur, wenn der Empfänger durch eine Spendenbescheinigung bestätigt, dass die entsprechenden Voraussetzungen (z.B. Förderung steuerbegünstigter Zwecke) erfüllt sind. Spendenbescheinigungen können nur durch

- inländische juristische Personen des öffentlichen Rechts
- inländische öffentliche Dienststellen (z.B. Universität, Forschungsinstitut)
- Körperschaften und Vereine mit entsprechendem Körperschaftsteuer- (Freistellungs-)Bescheid des Finanzamts (z.B. gemeinnützige Vereine)

ausgestellt werden. Sachzuwendungen sind in der Spendenbescheinigung mit dem Einzelveräußerungspreis (Marktwert) anzusetzen.

4.9 Abschlussarbeiten

4.9.1 Monatsabschluss

Der Filmgeschäftsführer muss einmal im Monat in allen Bereichen (Finanzbuchhaltung, Kostenrechnung, Lohnbuchhaltung, Kasse) einen Abschluss erstellen, um die Fristen für die Umsatzsteuer- und die Lohnsteuer-Voranmeldung einhalten zu können. Zu seinen Arbeiten gehören:

- Übernahme der Löhne/ Gehälter in die Finanzbuchhaltung
- Meldung der Lohnsteuer an das Finanzamt
- Meldung der Beitragsnachweise an die Krankenkassen
- Kontrolle: Sind alle Eingangs- und Ausgangsrechnungen gebucht?
- Kontrolle: Sind alle Kassen (also auch die Handkassen / Verrechnungsgelder) gebucht?

- Kontrolle: Sind alle Banken gebucht? Die Salden werden mit der Finanzbuchhaltung abgestimmt
- Prüfung der Konten auf Plausibilität
- OP-Listen Debitoren zum Ultimo des Monats
- OP-Listen Kreditoren zum Ultimo des Monats
- Debitoren / Kreditoren Konten
- Summen- und Saldenliste
- Umsatzsteuer-Voranmeldung
- Journal
- Datensicherung des Monatsabschlusses

4.9.2 Jahresabschluss

Fällt das Projekt in den Zeitraum eines Geschäftsjahreswechsels, muss der Filmgeschäftsführer die erforderlichen Vorarbeiten für den Jahresabschluss erledigen. Die Einzelheiten sind frühzeitig mit der Hauptbuchhaltung bzw. mit dem zuständigen Steuerberater abzustimmen. Zu den Unterlagen, die vorbereitet werden müssen, gehören beispielsweise:

- Sachkontensaldenliste
- Debitoren- und Kreditorensaldenliste
- Zeitliche Abgrenzung der Aufwendungen und Erträge
- Ergebnisrechnung

4.9.3 Projektübergabe

Bei Projektübergabe wird ein Protokoll der übergebenen Unterlagen erstellt. Darin werden die Ordner mit den jeweiligen Inhalten genau beschrieben. Außerdem sollten besondere Vorfälle und noch anstehende Aufgaben notiert werden.

Übergabeprotokoll

Übergabeprotokoll der Filmgeschäftsführungs-Buchhaltungsunterlagen (Finanzbuchhaltung) an: ....

		Anzahl der Ordner:
1.	FIBU-Stammdaten	
2.	Ergebnisrechnung	
3.	FIBU-Abstimmung	
4.	FIBU Sachkontensaldenliste von Monat ... bis Monat ...	
5.	Saldenliste Kreditoren / OP-Liste Kreditoren	
6.	Saldenliste Debitoren / OP-Liste Debitoren	
7.	Umsatzsteuer-Voranmeldungen von Monat ... bis Monat ...	
8.	Journal / Prima-Nota von Monat ... bis Monat ...	
9.	Sachkonten von Nr. ... bis Nr. ...	
10.	Kreditorenkonten von Nr. ... bis Nr. ...	
11.	Debitorenkonten von Nr. ... bis Nr. ...	
12.	Bankkontoauszüge von Auszug Nr. ... bis Nr. ...	
13.	Kassenbuch	
14.	Original-Rechnungen Kreditoren von A bis Z	

Sonstiges / Anmerkungen:

Übergeben am: .... Unterschrift: ....

Übernommen am: .... Unterschrift: ....

Entsprechende Übergabeprotokolle sind auch für die Bereiche Lohnbuchhaltung und Kostenrechnung zu erstellen.

5 Lohn / Gehalt / Gage

Was ist eigentlich der Unterschied zwischen Lohn, Gehalt und Gage?
Von Lohn spricht man, wenn man das Entgelt der Arbeiter meint, von Gehalt ist bei Angestellten die Rede. Diese Unterscheidung ist für den Filmgeschäftsführer bezüglich der Zuordnung zu den Rentenversicherungsträgern LVA (Landesversicherungsanstalt für Arbeiter) bzw. BfA (Bundesversicherungsanstalt für Angestellte) relevant.
Das Wort Gage leitet sich von Engagement ab und bezeichnet das Entgelt, das Künstler für eine Darbietung erhalten. Beim Film trifft dies hauptsächlich auf die Schauspieler zu, die für eine Rolle engagiert werden. Gage ist also ein allgemeiner Begriff für das Entgelt. Ob die Einstufung der Tätigkeit, für die das Entgelt gezahlt wird, als Angestellter oder Arbeiter vorgenommen wird, richtet sich nach der Schlüsselung der Beitragsgruppe in der Rentenversicherung. Dabei steht die Ziffer »1« für Arbeiter und die Ziffer »2« für Angestellte. Bei Änderung der beruflichen Tätigkeit kann sich der Status entsprechend verändern. Wird z.B. ein Tonassistent (Arbeiter) Tonmeister, stuft man ihn fortan als Angestellten ein.
Bei der Meldung zur Sozialversicherung wird ebenfalls ein Schlüssel eingetragen, der den Status der Rentenversicherung darlegt. Das Feld »Angaben zur Tätigkeit« ist in dem für diese Meldung vorgeschriebenen Formular wie folgt aufgebaut:

Ziffern 1–3	Schlüssel der Berufsklasse
Ziffer 4	»2« bedeutet »Arbeiter«
	»4« bedeutet »Angestellter«
Ziffer 5	Schlüssel der Ausbildung (meist »7« für »Ausbildung unbekannt«)

5.1 Lohnbuchhaltung

5.1.1 Vom Bruttolohn zum Nettolohn

Die monatliche Gehaltsabrechnung mit all ihren Abzügen ist wie eine Fernsehserie ohne Happy End, denn: Der Bruttolohn erreicht den Arbeitnehmer nie!
Vor allem sind es die Lohnsteuerabzüge und die Sozialversicherungsbeiträge, die das Bruttogehalt erheblich schrumpfen lassen. Die Steuer wird nach Entgelthöhe und Steuerklasse festgelegt. Die Sozialversicherung besteht aus Arbeitslosen-, Kranken-, Pflege- und Rentenversicherung. Kirchenmitgliedern wird auch noch die Kirchensteuer abgezogen.

5.1.2 Unterlagen für die Lohnbuchhaltung

Bestimmte Unterlagen müssen dem Filmgeschäftsführer vorliegen, sonst kann er nicht abrechnen. Zu den Papieren gehören:

- Personalstammblatt
- Lohnsteuerkarte
- Angabe / Mitgliedsbescheinigung der Krankenkasse
- Sozialversicherungsausweis
- Bankverbindung
- unterschriebener Vertrag

Grundsätzlich darf keine Gehaltsabrechnung ohne Lohnsteuerkarte erstellt werden, da die zutreffende Lohnsteuerklasse nur aufgrund dieses Dokuments als Grundlage für die Höhe des Lohnsteuerabzugs herangezogen werden darf. Wird das Gehalt abgerechnet, ohne dass eine Lohnsteuerkarte vorliegt, ist der Filmgeschäftsführer verpflichtet, den höchstmöglichen Lohnsteuerabzug zu berechnen, nämlich nach Lohnsteuerklasse VI. Die zu viel abgezogene Lohnsteuer kann der Arbeitnehmer erst nach Jahresende durch Abgabe seiner Einkommensteuererklärung wieder vom Finanzamt zurückerstattet bekommen.

Nun kommt es bei den kurzfristigen Einsätzen, die viele Mitarbeiter bei Dreharbeiten haben, oft vor, dass die Lohnsteuerkarte noch beim vorangegangenen Arbeitgeber liegt und er diese aus verwaltungsorganisatorischen Gründen auch nicht kurzfristig zurückgeben kann. Der Vor-Arbeitgeber sollte dann dem ausgeschiedenen Arbeitnehmer eine Zwischenbescheinigung (manchmal auch Ersatzbescheinigung genannt) ausstellen; dieses Dokument genügt als offizielle Bestätigung der Lohnsteuerklasse sowie der sonstigen Eintragungen, so dass der Filmgeschäftsführer ordnungsgemäß abrechnen kann.

5.1.3 Steuerklassen

5.1.3.1 Steuerklasse I

Diese Steuerklasse gilt für alle Arbeitnehmer, die ledig, verwitwet oder geschieden sind, außerdem für Personen, die verheiratet sind, aber von ihrem Ehegatten dauernd getrennt leben oder deren Ehegatte im Ausland wohnt.

5.1.3.2 Steuerklasse II

In die Steuerklasse II gehören die zu Steuerklasse I genannten Arbeitnehmer, wenn ihnen der Haushaltsfreibetrag zusteht, weil in ihrer Wohnung im Inland mindestens ein Kind – mit Haupt- oder Nebenwohnung – gemeldet ist, das auf ihrer Lohnsteuerkarte unter der Kinderfreibetragszahl zu berücksichtigen ist oder für das sie Kindergeld erhalten. Ist ein Kind während des Kalenderjahrs bei beiden Elternteilen gemeldet, so wird es für den Haushaltsfreibetrag einem von ihnen zugeordnet.

5.1.3.3 Steuerklasse III

Diese Steuerklasse gilt für verheiratete Arbeitnehmer, wenn beide Ehegatten im Inland wohnen, nicht dauernd getrennt leben und der Ehegatte des Arbeitnehmers keinen

Arbeitslohn bezieht oder Arbeitslohn bezieht und in die Lohnsteuerklasse V eingereiht wird.
Verwitwete Arbeitnehmer gehören nur in dem Jahr in die Steuerklasse III, das dem Kalenderjahr folgt, in dem der Ehegatte verstorben ist, beide am Todestag im Inland gewohnt und nicht dauernd getrennt gelebt haben.

5.1.3.4 Steuerklasse IV

In der Steuerklasse IV finden sich Verheiratete, wenn beide Ehegatten Arbeitslohn beziehen, im Inland wohnen und nicht dauernd getrennt leben.

5.1.3.5 Steuerklasse V

Die Steuerklasse V tritt für einen der Ehegatten an die Stelle der Steuerklasse IV, wenn der andere Ehegatte nach Steuerklasse III veranlagt wird.

5.1.3.6 Steuerklasse VI

Die Steuerklasse VI wird für ein zweites oder weiteres Dienstverhältnis angewendet. Sie ist auf der zweiten oder weiteren Lohnsteuerkarte von Arbeitnehmern zu bescheinigen, die nebeneinander von mehreren Arbeitgebern Arbeitslohn beziehen. Diese Lohnsteuerkarte sollte dem Arbeitgeber vorgelegt werden, von dem der niedrigere Arbeitslohn bezogen wird.

5.2 Arbeitnehmer und Unternehmer

Im Rahmen von Gagen- bzw. Honorarverhandlungen wird kaum eine Frage so häufig gestellt wie die nach der günstigsten Möglichkeit der Abrechnung. Der Wahlfreiheit sind hierbei enge Grenzen gesetzt, denn die Interessen der Finanzverwaltung und der Sozialversicherungsträger schlagen sich in zahlreichen Gesetzen, Verordnungen und Bestimmungen nieder, die vom Filmgeschäftsführer nicht nur zu beachten, sondern den Mitarbeitern auch verständlich zu machen sind. Dabei ist grundsätzlich jeder Einzelfall einer genauen Prüfung zu unterziehen.
Die Beurteilung, ob ein Mitarbeiter als Arbeitnehmer einzustufen ist oder ob er berechtigt ist, seine Leistung als Selbständiger bzw. Unternehmer in Rechnung zu stellen, richtet sich nach einer Vielzahl von Kriterien.
Die Abgrenzung sieht bei der Finanzverwaltung und bei den Sozialversicherungsträgen zudem unterschiedlich aus. Obwohl eine pauschale Kategorisierung nicht möglich ist, wird die Frage, wer Rechnungen stellen darf, tendenziell wie folgt beantwortet:

Tätigkeiten	Finanzverwaltung	Sozialversicherungsträger
Architekten	ja	ja
Arrangeure	ja	wenn als Urheber tätig
Artisten	wenn Gast, Solist	wenn Gast, Solist
Autoren	ja	ja

Berichterstatter	ja	so weit sie ohne vorherige vertragliche Verpflichtung den Anbietern von Funk / TV Beiträge liefern
Bildhauer	ja	ja
Bühnenbildner	ja	ja
Choreographen	ja	ja
Chorleiter	so weit Gast, Träger des Chors oder Arbeitgeber der Chormitglieder	so weit Gast, Träger des Chors oder Arbeitgeber der Chormitglieder
Darsteller	die als Gast in einer Sendung mit Livecharakter mitwirken	die als Gast in einer Sendung mit Livecharakter mitwirken
Dirigenten	so weit Gast, Träger oder Arbeitgeber des Orchesters	so weit Gast, Träger oder Arbeitgeber des Orchesters
Diskussionsleiter	ja	ja
Dolmetscher	ja	ja
Fachberater	ja	
Filmautor	ja	wenn nicht in Organisation des Unternehmens eingegliedert
Filmkomponist	ja	wenn nicht in Organisation des Unternehmens eingegliedert
Fotografen	ja	wenn unter eigener Firma tätig
Gesprächsteilnehmer	ja	ja
Grafik-Designer	ja	wenn unter eigener Firma tätig
Grafiker	ja	ja
Instrumentalsolisten	Gastspiele bei konzertanten Opernaufführungen, einem Liederabend, einem Oratorium oder dergl.	Stargastspiele mit herausragender künstlerischer Stellung, ohne Probenverpflichtung
Interviewpartner	ja	ja
Journalisten	ja	so weit sie ohne vorherige vertragliche Verpflichtung den Anbietern von Funk / TV Beiträge liefern
Kameraleute	wenn der eigenschöpferische Teil der Leistung überwiegt	mit herausragender künstlerischer Gestaltungsfreiheit
Kommentatoren	ja	ja
Komponisten	ja	wenn als Urheber tätig
Korrespondenten	ja	so weit sie ohne vorherige vertragliche Verpflichtung den Anbietern von Funk / TV Beiträge liefern
Kostümbildner	ja	ja
Kunstmaler	ja	ja
Lektoren	ja	ja
Librettisten	ja	wenn als Urheber tätig
Maskenbildner	wenn der eigenschöpferische Teil der Leistung überwiegt	mit herausragender künstlerischer Gestaltungsfreiheit
Moderatoren	wenn der eigenschöpferische Teil der Leistung überwiegt	wenn der eigenschöpferische Teil der Leistung überwiegt

Musikalische Leiter	so weit Gast, Träger oder Arbeitgeber des Orchesters	so weit Gast, Träger oder Arbeitgeber des Orchesters
PR-Fachleute	ja	wenn unter eigener Firma tätig
Quizmaster	ja	ja
Realisatoren	wenn der eigenschöpferische Teil der Leistung überwiegt	wenn der eigenschöpferische Teil der Leistung überwiegt
Regisseure	für einzelne Produktionen tätig	für eine Produktion tätig
Schauspieler	ja	Stargastspiele mit herausragender künstlerischer Stellung ohne Probenverpflichtung
Solisten (Gesang / Musik / Tanz)	wenn Gast, Solist	wenn Gast, Solist
Sprecher	ja	ja
Synchronregisseure	ja	Engagement nur für eine Produktion
Synchronsprecher	ja	ja
Schriftsteller	ja	ja
Textdichter	ja	wenn als Urheber tätig
Übersetzer	ja	ja

5.2.1 Arbeits-, sozialversicherungs- und steuerrechtliche Betrachtungen

Bevor ein Mitarbeiter mit seiner Tätigkeit beginnt, muss der Filmgeschäftsführer prüfen, ob er eine Rechnung stellen darf oder eine Lohnsteuerkarte braucht. Dabei beachtet er Aspekte aus den folgenden Rechtsgebieten:

1. Sozialversicherungsrecht
2. Steuerrecht
3. Arbeitsrecht

5.2.1.1 Sozialversicherungsrecht

Der Filmgeschäftsführer prüft bei jedem einzelnen Mitarbeiter, ob die Tätigkeit sozialversicherungspflichtig ist. Dabei hilft ihm der Abgrenzungskatalog der Bundesversicherungsanstalt für Angestellte (BfA). Dort sind Merkmale festgelegt, die auf Sozialversicherungspflicht hindeuten wie z.B.:

- weisungsgebundene Arbeit
- feste Arbeitszeit
- Anwesenheitskontrolle
- soziale Abhängigkeit
- Eingliederung in den Betrieb des Unternehmens
- kein unternehmerisches Risiko

Im Einzelfall kann allerdings das Gesamtbild der Tätigkeit der grundsätzlichen Versicherungsfreiheit widersprechen, womit dieser Fall in schriftlicher Form mit dem betroffenen Versicherungsträger oder mit der zuständigen Ortskrankenkasse (AOK) geklärt werden muss. Der Anfrage zur sozialversicherungsrechtlichen Beurteilung müssen eine detaillierte Sachverhaltsbeschreibung und der Vertrag als Anlagen beiliegen.

5.2.1.2 Steuerrecht

Für das Steuerrecht gelten ähnliche Kriterien wie für das Sozialversicherungsrecht, wobei das Sozialversicherungsrecht vorrangig ist.

Der Filmgeschäftsführer wird sich auch bei der Überprüfung einer möglichen Lohnsteuerfreiheit im Einzelfall vom zuständigen Finanzamt des Mitarbeiters eine schriftliche Bestätigung geben lassen, nämlich eine Anerkennung der Selbständigkeit für die Tätigkeit bei dieser speziellen Filmproduktion. Auch hier sollten dem Finanzamt eine detaillierte Sachverhaltsbeschreibung und der abgeschlossene Vertrag vorgelegt werden.

5.2.1.3 Arbeitsrecht

Grundlage für die arbeitsrechtliche Betrachtung ist der Vertrag, der mit dem Mitarbeiter geschlossen wurde oder geschlossen werden soll. Der Inhalt eines Vertrages kann allerdings unwirksam sein, wenn ein Tarifvertrag (sofern dieser für das Arbeitsverhältnis verbindlich ist) oder das Gesetz selbst andere Regelungen verlangen. Die für das Arbeitsrecht maßgeblichen Gesetze sind z.B. das Arbeitszeit-, das Kündigungsschutz- und das Mutterschutzgesetz.

Das Arbeitsrecht unterscheidet zwei grundsätzlich verschiedene Arten von Verträgen. Wird die Leistung von Diensten geregelt, handelt es sich um einen Dienstvertrag, wird dagegen die Leistung eines Erfolges zur Grundlage des Vertrages, so wird ein Werkvertrag geschlossen.

a) Anstellungsvertrag

Die bekannteste Form des Dienstvertrages ist der Arbeitsvertrag (Anstellungsvertrag). Er kann zwar auch mündlich, sollte aber – um spätere Missverständnisse auszuschließen – schriftlich geschlossen werden und mindestens folgende Fragen regeln:

- Wer schließt den Vertrag (genaue Angabe des Arbeitgebers mit Firmenbezeichnung und Rechtsform)?
- Mit wem (Name und Anschrift des Arbeitnehmers)?
- Wozu (Beschreibung der Aufgaben bzw. der Tätigkeit)?
- Für welche Dauer (unbefristet oder befristet mit Angabe des Datums und des Grundes der Befristung)?
- Zu welcher Vergütung (pauschal oder pro Zeiteinheit z.B. Wochengage)?

Auch alle weiteren Vereinbarungen u.a. die Vergütung von Überstunden oder die Anzahl der Urlaubstage sollten im Anstellungsvertrag festgehalten werden.

Da der Arbeitnehmerbegriff gesetzlich nicht definiert ist, andererseits aber eine Abgrenzung zwischen Arbeitnehmern und Selbständigen notwendig ist, um die Anwendbarkeit von Gesetzen erst festzustellen, muss dieser Begriff inhaltlich bestimmt werden. Dabei finden drei Kriterien besondere Beachtung:

1. Leistung von Arbeit: Der Arbeitnehmer schuldet die Leistung von Arbeit, nicht einen bestimmten Arbeitserfolg. Er tritt freiwillig in den Dienst des Arbeitgebers, um seine Arbeitskraft gegen Entgelt zur Verfügung zu stellen.
2. Grad der persönlichen Abhängigkeit: Die Tätigkeit als Arbeitnehmer setzt voraus,

dass die dienstleistende Person persönlich vom Arbeitgeber abhängig ist. Dieser Grad der persönlichen Abhängigkeit ist das letzte und entscheidende Kriterium für die Frage, ob jemand als Arbeitnehmer oder in anderer Weise (z.B. als freier Mitarbeiter) tätig ist.

3. Eingliederung in eine fremde Arbeitsorganisation: Diese Eingliederung wird insbesondere daran festgemacht, dass der Beschäftigte einem Weisungsrecht des Arbeitgebers unterliegt. Das Weisungsrecht kann Inhalt, Durchführung, Zeit, Dauer und Ort der Tätigkeit betreffen.

Obwohl ein Arbeitsverhältnis durch mündliche Vereinbarung zustande kommen kann, bedarf seine Beendigung durch Kündigung oder Auflösungsvertrag sowie die Befristung eines Arbeitsverhältnisses zu ihrer Wirksamkeit der Schriftform (§ 623 BGB). Mit dieser Neuregelung seit 1. Mai 2000 sind nun mündliche Kündigungen (insbesondere auch in Form von so genannten Spontankündigungen) ausgeschlossen.

b) Werkvertrag

Wird vertraglich ein Arbeitserfolg geschuldet, so ist dies ein Kriterium für einen Werkvertrag. Kommt es dem Auftraggeber auf das Ergebnis der Leistung, also auf einen vereinbarten Erfolg an, so ist in der Regel ein Werkvertrag geschlossen worden.
Eine Variante des Werkvertrages ist der Werklieferungsvertrag. Der Beauftragte arbeitet mit eigenen Materialien und überträgt nach Fertigstellung des Werks das Eigentum an den Auftraggeber.

c) Tarifvertrag

Nach § 1 Abs. 1 des Tarifvertragsgesetzes (TVG) regelt der Tarifvertrag die Rechte und Pflichten der Tarifvertragsparteien und enthält Rechtsnormen, die den Inhalt, den Abschluss und die Beendigung von Arbeitsverhältnissen sowie betriebliche und betriebsverfassungsrechtliche Fragen ordnen können. Die Tarifvertragsparteien sind Gewerkschaften, einzelne Arbeitgeber sowie Vereinigungen von Arbeitgebern. An den Tarifvertrag sind die Mitglieder der Tarifvertragsparteien und der Arbeitgeber, der selbst Partei des Tarifvertrages ist, gebunden.
Da die Rechtsnormen des Tarifvertrages nur die Mitglieder der Tarifvertragsparteien erfassen, fallen nicht organisierte Arbeitnehmer von vornherein nicht unter den Tarifschutz. Selbst die organisierten Arbeitnehmer unterliegen dem Tarifschutz nur, so weit auch der Arbeitgeber tarifgebunden ist. Nur durch eine staatliche Allgemeinverbindlichkeitserklärung kann der Anwendungsbereich des Tarifvertrages auch auf nicht-tarifgebundene Arbeitnehmer und Arbeitgeber erstreckt werden.
Der Tarifvertrag für Film- und Fernsehschaffende wurde abgeschlossen zwischen dem Bundesverband Deutscher Fernsehproduzenten e.V., der Arbeitsgemeinschaft Neuer Deutscher Spielfilmproduzenten e.V. und dem Verband Deutscher Spielfilmproduzenten e.V. auf der Arbeitgeberseite und der IG Medien, Druck und Papier, Publizistik und Kunst, und der DAG Deutschen Angestellten-Gewerkschaft, Berufsgruppe Kunst und Medien auf der Arbeitnehmerseite. Der Tarifvertrag besteht aus dem Manteltarifvertrag, dem Gagentarifvertrag und dem Tarifvertrag für Kleindarsteller.

Der Manteltarifvertrag regelt die Tätigkeit von Filmschaffenden, Arbeitszeit und die Modalitäten von Gagenzahlungen. Der Gagentarifvertrag enthält unter anderem eine Gagentabelle mit Mindestgagen für typische Berufsgruppen. Auch eine lineare Erhöhung dieser Gagen ist vereinbart worden.
Filmgeschäftsführer (mit Kassenführung) erhalten übrigens demnach ab 1. Januar 2001 eine Mindest-Wochengage von DM 1.830,00.
Regelungen für Kleindarsteller (z.B. Komparsen) finden sich schließlich im Tarifvertrag für Kleindarsteller.
Der Tarifvertrag für Film- und Fernsehschaffende in der aktuellen Fassung wurde am 6. April 2000 abgeschlossen und ist zum 31. Dezember 2001 erstmals kündbar. Da er nicht allgemeinverbindlich ist, muss der Filmgeschäftsführer in jedem Einzelfall überprüfen, ob die Regelungen des Tarifvertrages für das Arbeitsverhältnis bindend sind.

5.2.2 Abgrenzung

Wie wichtig in der Praxis die Definition des Arbeitnehmerbegriffs ist, zeigt sich bei der Abgrenzung zu verwandten Tätigkeiten. Die Konsequenzen der Einordnung einer Person als Arbeitnehmer oder Selbständiger sind offensichtlich. Die Arbeitsgesetze können grundsätzlich nicht auf freie Mitarbeiter angewendet werden.

5.2.2.1 Freie Mitarbeiter

Freie Mitarbeit ist selbständige unternehmerische Tätigkeit für ein fremdes Unternehmen auf Grundlage eines Dienst- oder Werkvertrages.
a) Abgrenzungsmerkmale
b) Allgemeines
Wesentliche Merkmale der Arbeitnehmereigenschaft sind die persönliche Abhängigkeit des Mitarbeiters, seine Eingebundenheit oder – worauf die Rechtsprechung besonders Gewicht legt – seine Eingliederung in die Arbeitsorganisation des Unternehmens.
Selbständig ist dagegen, wer im Wesentlichen frei seine Tätigkeit gestalten und seine Arbeitszeit bestimmen kann.
Da die Grenzen häufig fließend sind, kommt es nicht nur auf eine sorgfältige Formulierung des Mitarbeitervertrages an. Insbesondere ist es erforderlich, dass dem freien Mitarbeiter die für seine unternehmerische Tätigkeit notwendige Freiheit auch in der Realität gelassen wird. Vertrag und tatsächliche Gestaltung müssen übereinstimmen, damit aus dem freien Mitarbeiter nicht plötzlich ein Arbeitnehmer wird.

a) Wesentliche Abgrenzungsmerkmale
<u>Weisungsgebundenheit bzw. Unabhängigkeit</u>
Zeitliche, örtliche und fachliche Weisungsgebundenheit ist ein wichtiges Merkmal für die Arbeitnehmereigenschaft. Trotzdem dürfen auch einem freien Mitarbeiter zeitliche Vorgaben gegeben werden, denn auch im Rahmen von Werkverträgen können vom Auftraggeber beispielsweise Termine für die Fertigstellung der Arbeit gesetzt werden. Daraus darf allerdings keine persönliche Abhängigkeit entstehen. Diese ist übrigens

dadurch gekennzeichnet, dass dem Mitarbeiter im Detail vorgeschrieben wird, wann und wo er seine Arbeit erledigen muss. Ein Merkmal für Freie Mitarbeiter ist, dass sie ihre Arbeitszeit frei gestalten und den Arbeitsort frei wählen können.

<u>Eingliederung in den Betrieb</u>

Arbeitnehmer ist, wer fest in die Arbeitsabläufe des Unternehmens eingeplant ist und wer regelmäßig zu vorgegebenen Zeiten im Betrieb anwesend sein muss, um seine Arbeitsleistung zu erbringen. Wenn das Unternehmen dem Mitarbeiter diesbezüglich weitgehende Freiheit zugesteht, spricht dies für ein freies Mitarbeiterverhältnis.

<u>Vertragsgegenstand</u>

Werden die zu leistenden Dienste nicht nur allgemein umschrieben, sondern vertraglich konkret festgelegt, deutet dies auf ein freies Mitarbeiterverhältnis hin. Denn damit stellt der Mitarbeiter nicht nur seine Arbeitskraft zur Verfügung, sondern schuldet eine bestimmte Dienstleistung oder einen bestimmten Erfolg. Bei Dienst- und Werkverträgen, die typischerweise mit freien Mitarbeitern abgeschlossen werden, ist es nicht nur üblich, sondern auch zweckmäßig, den Gegenstand des Vertrages genau zu beschreiben, denn daraus leiten sich auch Haftungs- und Gewährleistungsfragen ab.

<u>Unternehmerisches Risiko</u>

Wenn der Selbständige das Unternehmerrisiko trägt, indem er zum Beispiel eigenes Kapital einsetzt, spricht dies für selbständige Arbeit.

<u>Formale Kriterien</u>

Um beurteilen zu können, ob ein freies Mitarbeiterverhältnis oder ein Angestelltenverhältnis vorliegt, werden auch formale Kriterien herangezogen. Untersucht werden u.a. die Art der Vergütung oder ob es Entgeltfortzahlung im Krankheitsfall, Nebentätigkeits- oder Wettbewerbsverbote gibt. Aufgrund derartiger Kriterien kann eindeutig auf Arbeitnehmereigenschaft geschlossen werden.

<u>Gewerbeanmeldung</u>

Obwohl die Auffassung weit verbreitet ist, ein angemeldetes Gewerbe genüge zum Nachweis der Selbständigkeit, ist dies als Abgrenzungskriterium gänzlich ungeeignet und außer Acht zu lassen. Wie bereits erwähnt, ist in jedem einzelnen Fall separat zu beurteilen, ob für diese einzige spezielle Tätigkeit, für die der Mitarbeiter engagiert wird, die Voraussetzungen für eine Selbständigkeit gegeben sind.

b) Vor- und Nachteile der Selbständigkeit

Welche Vor- und Nachteile haben die unterschiedlichen Beschäftigungsformen für Arbeitnehmer und für Selbständige (Unternehmer, freie Mitarbeiter, Gewerbetreibende)?

Arbeitnehmer	Selbständige
Soziale Sicherheit durch: – Krankenversicherung – Pflegeversicherung – Rentenversicherung – Arbeitslosenversicherung – Unfallversicherung	Soziale Sicherheit liegt ausschließlich in der Verantwortung des Selbständigen. Freie Entscheidung hinsichtlich der angebotenen Versicherungsformen. Keine Arbeitslosenversicherung. Keine Unfallversicherung.
Arbeitgeber trägt zur Hälfte den Sozialversicherungsbeitrag	Kein Anspruch auf Arbeitgeberanteil zur Sozialversicherung. Kein Urlaubsanspruch
Urlaubsanspruch	Die Kalkulation des Entgelts muss diese Positionen berücksichtigen!
Drei Monate Anspruch auf Konkursausfallgeld	Risiko des Entgeltausfalls
Monatliche Lohnsteuervorauszahlungen	Häufig keine oder nur geringe Einkommensteuervorauszahlungen
Der Arbeitgeber haftet nach außen grundsätzlich für den Arbeitnehmer.	Haftung gegenüber dem Auftraggeber
Haftung des Arbeitnehmers nur eingeschränkt gegenüber dem Arbeitgeber.	

Checkliste zur Abgrenzung des Arbeitsverhältnisses von der freien Mitarbeit		
1. Ist der Mitarbeiter weisungsgebunden?	Ja	Nein
a) Muss er seine Tätigkeit im Betrieb oder an einem vom Unternehmer vorgeschriebenen Ort verrichten?	Ja	Nein
b) Ist er an feste Arbeitszeiten gebunden?	Ja	Nein
c) Unterliegt er arbeitsbegleitenden Verhaltensregeln?	Ja	Nein
d) Ist er in den Betrieb eingegliedert?	Ja	Nein
e) Führt er in der Regel einfache Tätigkeiten aus, für die eine Arbeitnehmereigenschaft typisch ist?	Ja	Nein
f) Kann er Aufsichtsrechte erhalten?	Ja	Nein
g) Können einzelne Arbeitsaufträge abgelehnt werden?	Nein	Ja
2. Kann der Auftragnehmer ohne fachliche Anleitung des Auftragsgebers den Auftrag nicht ausüben?	Ja	Nein
3. Handelt es sich bei dem Auftrag um eine bloße Zielvorgabe?	Nein	Ja
Wird der Weg zur Zielerreichung vom Auftraggeber detailliert vorgegeben?	Ja	Nein
4. Tritt der Auftragnehmer nach außen wie ein Unternehmer auf (Unternehmerinitiative)?	Nein	Ja
a) Beschäftigung von Hilfskräften?	Nein	Ja
b) Kann er einen Vertreter bestimmen?	Nein	Ja
c) Hat er verschiedene Auftraggeber?	Nein	Ja
d) Tritt er im Namen und für Rechnung des Auftraggebers auf?	Ja	Nein
e) Tritt er als untergeordneter Repräsentant des Auftraggebers auf?	Ja	Nein
f) Hat er ein eigenes Büro oder eine eigene Betriebsstätte?	Nein	Ja
g) Hat er das Recht bzw. die Pflicht zur eigenen Werbung?	Nein	Ja
h) Kann er Rechnungen ggf. zzgl. Umsatzsteuer stellen?	Nein	Ja
i) Lassen die vertraglichen Vereinbarungen die Selbständigkeit erkennen?	Nein	Ja
j) Wurde ein Gewerbe angemeldet oder eine Genehmigung zur Ausübung eines freien Berufs beantragt?	Nein	Ja

5. Trägt der Arbeitnehmer ein Unternehmerrisiko?	Nein	Ja
a) 1. Bezahlung nach monatlichen Festbeträgen?	Ja	Nein
2. Bezahlung nach geleisteten Stunden?	Ja	Nein
3. Bezahlung nach Ergebnis, z.B. Provision?	Nein	Ja
4. Bezahlung nach festen Gebührensätzen?	Nein	Ja
b) Ist der Mitarbeiter von Marktsituationen abhängig?	Nein	Ja
c) Wird eigenes Kapital eingesetzt?	Nein	Ja
d) Werden Arbeitsmittel und -geräte vom Auftraggeber gestellt (Kfz, Werkzeuge usw.)?	Ja	Nein
e) Bestimmt der Auftraggeber, welche Mittel zur Zielerreichung eingesetzt werden und welche nicht?	Ja	Nein
f) Ersetzt der Auftraggeber entstehende Kosten vollumfänglich oder pauschal?	Ja	Nein
g) Wird die vereinbarte Vergütung auch bei Urlaub oder Krankheit fortgesetzt?	Ja	Nein
h) Zahlt die Firma Sozialversicherungsbeiträge?	Ja	Nein
i) Führt die Firma Lohnsteuer für den Mitarbeiter ab?	Ja	Nein
j) Ist der Mitarbeiter in die Urlaubsplanung des Unternehmens eingebunden und erhält Urlaub nur nach Genehmigung des Unternehmens?	Ja	Nein
k) Kann der Auftraggeber bei mangelnder Ausführung des Auftrags die Annahme verweigern?	Nein	Ja
l) Schuldet der Auftragnehmer den Erfolg?	Nein	Ja
m) Schuldet der Auftragnehmer nur die Arbeitskraft?	Ja	Nein
n) Erbringt er die gleiche Tätigkeit wie andere fest angestellte Arbeitnehmer?	Ja	Nein
o) Besteht eine Gewährleistungspflicht?	Nein	Ja
p) Haftet der Auftragnehmer auch für seine Gehilfen?	Nein	Ja
q) Stehen den übernommenen Risiken auch größere Freiheiten und Verdienstmöglichkeiten gegenüber?	Nein	Ja
r) Kann der Auftragnehmer von sich aus durch seine Planung oder seinen Einsatz auf die Höhe der Entlohnung Einfluss nehmen?	Nein	Ja
s) Unterliegt das Einkommen des Auftragnehmers Schwankungen?	Nein	Ja
6. Ist der Auftragnehmer Gesellschafter der auftraggebenden GmbH?	Ja	Nein
a) Ist der Auftragnehmer zum Geschäftsführer bestellt (Eingliederung in den geschäftlichen Organismus)?	Ja	Nein
b) Beträgt die Beteiligung mehr als 50%?	Nein	Ja
c) Kann der Auftragnehmer maßgeblich Einfluss auf die Willensbildung der GmbH ausüben?	Nein	Ja
d) Ist die Entscheidungsfreiheit nur bei wenigen wichtigen Punkten durch die Gesellschaftsversammlung beschränkt?	Nein	Ja
e) Kann aus Gesellschafter- und Anstellungsvertrag die Freiheit von Weisungen gelesen werden?	Nein	Ja
f) Stimmt der Auftrag mit den gesetzlichen Aufgaben des Geschäftsführers überein?	Ja	Nein

Wenn der Filmgeschäftsführer in dieser Checkliste die zutreffenden Antworten ankreuzt und sich dann in der linken Spalte mehr Kreuze befinden als in der rechten Spalte, handelt es sich im Zweifel um ein Arbeitsverhältnis.

5.2.3. Scheinselbständigkeit

Das Anfang 1999 in Kraft getretene »Gesetz zur Bekämpfung der Scheinselbständigkeit« hat mit seinen strengen Regelungen die Gemüter vieler Kleinunternehmer, Existenzgründer und freier Mitarbeiter erregt und für erhebliche Verunsicherung auf dem Arbeitsmarkt gesorgt. Auch die Filmbranche war besonders hart von der neuen Vorschrift des § 7 Absatz 4 Sozialgesetzbuch (SGB) IV betroffen, nach der Personen bereits als Arbeitnehmer eingestuft wurden, wenn nur zwei von in diesem Gesetz festgelegten vier Merkmale zutrafen. Zahllose Vertragsverhältnisse freier Mitarbeiter, Subunternehmer und Kleinunternehmer wurden plötzlich rückwirkend zu Anstellungsverträgen, mit der Folge, dass sämtliche Arbeitgeber- und Arbeitnehmeranteile zu Sozialversicherung, rückwirkend seit Bestehen der Tätigkeit, nachgezahlt werden sollten. Diese gesetzliche Vermutung, nämlich dass es sich um ein Angestelltenverhältnis handeln sollte, konnte zwar im Einzelfall widerlegt werden, jedoch lag die Beweislast beim betroffenen Arbeitgeber oder Selbständigen.

Zum Jahresbeginn 2000 wurde das Gesetz entschärft und in »Gesetz zur Förderung der Selbständigkeit« umbenannt. Die Korrekturen gelten rückwirkend zum 1. Januar 1999. Eine der wichtigsten Verbesserungen ist die Umkehrung der Beweislast. Von nun an muss wieder die Bundesversicherungsanstalt für Angestellte (BfA) nachweisen, dass ein Unternehmer nicht selbständig tätig ist.

Auch die umstrittenen Vermutungsmerkmale wurden um einen Punkt erweitert. Bei der Prüfung von Unternehmen (auch Kleinunternehmer und Freiberufler) gilt die gefürchtete Scheinselbständigkeit nun erst bei Vorliegen von drei der fünf Merkmale:

1. Beschäftigt das Unternehmen keine eigenen (sozialversicherungspflichtigen) Angestellten (mitarbeitende Familienmitglieder werden jetzt berücksichtigt, 630-DM-Kräfte zählen weiterhin nicht dazu)?
2. Hat das Unternehmen auf Dauer und im Wesentlichen nur einen Auftraggeber? Oder erzielt es mehr als 5/6 seines Gesamtumsatzes mit einem einzigen Auftraggeber?
3. Verrichtet das Unternehmen für Arbeitnehmer typische Tätigkeiten?
4. Tritt das Unternehmen nicht am Markt auf (keine eigenen Geschäftsräume, Visitenkarten, Briefpapier, Werbung, Marketing, Telefonbucheintrag)?
5. Wurden die von dem Unternehmen verrichteten Tätigkeiten zuvor von dem Selbständigen für denselben Auftraggeber als Angestellter verrichtet?

Treffen drei der fünf Punkte zu, stufen die Prüfer den Selbständigen als »normalen« Arbeitnehmer und damit als Scheinselbständigen ein.

Weitere Verbesserungen, die von der zwölfköpfigen Expertenkommission der Bundesregierung nach neunmonatiger Beratung in das Gesetz eingebaut wurden, sind:

- Einführung eines Anfrageverfahrens: Betroffene Unternehmer können so bei der BfA klären lassen, ob sie als Selbständige oder als Arbeitnehmer gelten.
- Vermeidung unzumutbarer Beitragsnachforderungen: Eine rückwirkende Versicherungspflicht ist jetzt ausgeschlossen. Beiträge zur Renten- sowie eventuell zur Kranken- und Arbeitslosenversicherung dürfen die Sozialversicherungsträger erst ab dem Tag der Feststellung berechnen.

- Erweiterte Befreiungsmöglichkeiten für Existenzgründer: Diese Betroffenen sind nun drei Jahre nach dem Start von der Beitragspflicht zur Sozialversicherung befreit. 58-jährige und ältere Gründer sogar gänzlich.

5.2.4 Arbeitnehmerähnliche Personen

In Abgrenzung zum Arbeitnehmer ist die arbeitnehmerähnliche Person nicht persönlich abhängig vom Arbeitgeber, wohl aber wirtschaftlich. Die persönliche Unabhängigkeit ergibt sich aus der Tatsache, dass diese Person nicht in die betriebliche Organisation eingegliedert ist, beispielsweise weil sie nicht hinsichtlich der Bestimmung des Orts und der Zeit der Tätigkeit fremdbestimmt ist. An die Stelle der persönlichen Abhängigkeit und der Weisungsgebundenheit tritt bei der arbeitnehmerähnlichen Person das Merkmal der wirtschaftlichen Unselbständigkeit. Damit ist sie auch kein Unternehmer. Die arbeitnehmerähnliche Person hat mit dem Auftraggeber einen Dienst- oder Werkvertrag abgeschlossen.
Folgende Berufsgruppen werden in bestimmten Fällen als arbeitnehmerähnliche Personen angesehen:
- Künstler und Schriftsteller
- Hörfunk- und Fernsehjournalisten
- Rechtsanwälte
- Zeitungszusteller
- Franchise-Nehmer
- Geschäftsführer einer Betriebskrankenkasse

Arbeitnehmerähnliche Personen sind im Ergebnis keine Arbeitnehmer, sondern Selbständige. Sie werden sowohl sozialversicherungsrechtlich als auch steuerrechtlich als solche behandelt. Allerdings geht die Tendenz des Gesetzgebers in jüngster Zeit dahin, arbeitnehmerähnliche Personen vermehrt in den Schutzbereich des Arbeitsrechts einzubeziehen. So hat der Auftraggeber eine besondere Fürsorgepflicht gegenüber arbeitnehmerähnlichen Personen. Einzelne arbeitsrechtliche Vorschriften wie z.B. angemessene Kündigungsfrist oder Anspruch auf ein Arbeitszeugnis können gegebenenfalls anwendbar sein. Arbeitnehmerähnliche Personen sind rentenversicherungspflichtig und zahlen ihre Beiträge selbst.

5.3 Lohn- / Gehalts- und Gagenabrechnung

Löhne sind Vergütungen von Arbeitern und Gehälter die entsprechende Vergütung für Angestellte für die geleistete Arbeit. Bei Künstlern und Mitarbeitern von Film- und Fernsehproduktionen wird häufig auch der Begriff Gage verwendet. Den gesetzlichen Vorschriften folgend ist der Arbeitgeber verpflichtet, bei der Zahlung von Löhnen, Gehältern und Gagen die Sozialversicherungsbeiträge und die Lohnsteuer vom Arbeitsentgelt einzubehalten und an die zuständigen Stellen abzuführen. Die Lohnsteuer und der Arbeitnehmeranteil zur Sozialversicherung wird von der Bruttovergütung abgezogen.

5.3.1 Sozialversicherung

Unter dem Begriff Sozialversicherung werden Rentenversicherung, Arbeitslosenversicherung, Krankenversicherung und Pflegeversicherung zusammengefasst. Die Beitragssätze in Prozent werden aus dem Bruttogehalt des Arbeitnehmers berechnet, höchstens jedoch aus einem gesetzlich festgelegten Betrag, der so genannten Beitragsbemessungsgrenze. Diese wird jährlich angepasst, wobei sich die Anpassung an der Lohn-und Einkommensentwicklung orientiert. Arbeitgeber und Arbeitnehmer tragen je zur Hälfte die Beiträge aus den vier Versicherungszweigen der Sozialversicherung, der Gesamtbetrag ist an die für den Arbeitnehmer zuständige Krankenkasse zu überweisen, die die Anteile für die Rentenversicherung an die Bundesversicherungsanstalt für Angestellte (BfA) und die Anteile für die Arbeitslosenversicherung an die Bundesanstalt für Arbeit weiterleitet. Bei der Krankenversicherung ist vom Filmgeschäftsführer zu beachten, dass bei befristeten Beschäftigungsverhältnissen bis zu 42 Tagen (sechs Wochen) der erhöhte Beitragssatz zur Abrechnung heranzuziehen ist.
Im Krankheitsfall besteht für den Arbeitgeber eine Verpflichtung zu hundertprozentiger Fortzahlung des Arbeitsentgeltes für einen Zeitraum bis zu sechs Wochen. Danach zahlt die Krankenkasse bis zur Wiederherstellung der Arbeitsfähigkeit Krankengeld.
Arbeitnehmer, die nicht krankenversicherungspflichtig sind und sich bei einer Orts- oder Ersatzkasse oder einem privaten Krankenversicherungsunternehmen freiwillig versichern, erhalten vom Arbeitgeber einen Beitragszuschuss in Höhe der Hälfte des Beitrags, maximal in Höhe des Betrages, der ansonsten für die gesetzliche Krankenversicherung angefallen wäre.

5.3.2 Meldungen / DEÜV

Jedes Arbeitsverhältnis muss bei der zuständigen Krankenkasse angemeldet und nach seiner Beendigung wieder abgemeldet werden. Dies gilt auch für befristete Arbeitsverhältnisse, selbst wenn sie – wie bei Komparsen – nur einige Stunden dauern sollten. Außerdem sind Meldungen zu erstatten, wenn sich wesentliche Daten ändern. Die Meldungen erfolgen gemäß den Bestimmungen der Datenerhebungs- und übermittlungsverordnung (DEÜV) auf den dafür vorgesehenen Formularen. Die meisten Lohnbuchhaltungsprogramme verfügen über die Möglichkeit, die Meldungen nach Erfassung der Personaldaten ausdrucken zu lassen.

5.3.3 Abrechnung von Überstunden und Mehrarbeit

Seit In-Kraft-Treten des Arbeitszeitgesetzes am 1. Juli 1994 ist die Bezahlung von Überstunden und Mehrarbeit nicht mehr gesetzlich geregelt und bleibt somit Gegenstand der Tarif- und Arbeitsverträge. Bei nichttarifgebundenen Arbeitsverhältnissen sind somit Klauseln, wonach mit der Gage sämtliche Überstunden abgegolten sind, zulässig.
Wenn dennoch eine Vergütung für Überstunden und Mehrarbeit vereinbart wird oder wenn der Tarifvertrag für Film- und Fernsehschaffende gilt, ist der Filmgeschäftsführer auf schriftliche Unterlagen angewiesen, auf denen die Arbeitszeiten der einzelnen Arbeitnehmer nachgewiesen werden. Entsprechend ausgefüllte Formulare werden ihm üblicherweise von der Produktionsleitung vorgelegt.

5.3.4 Urlaub / Urlaubsabgeltung

Das Bundesurlaubsgesetz bestimmt für alle Arbeitnehmer einen gesetzlichen Anspruch auf einen jährlichen Mindesterholungsurlaub. Dieser beinhaltet einerseits die Freistellung des Arbeitnehmers von der Arbeitspflicht zum Zwecke der Erholung, andererseits der Fortzahlung der Vergütung. Diese beiden Elemente sind untrennbar verbunden und ergeben den einheitlichen Urlaubsanspruch des Arbeitnehmers. Dieser ist ein höchstpersönlicher Anspruch und kann daher nicht abgetreten, verpfändet oder vererbt werden. Erholungsurlaub im gesetzlichen Sinn ist nur während eines bestehenden Arbeitsverhältnisses möglich.

Der volle Urlaubsanspruch entsteht erstmalig nach Erfüllung einer Wartezeit von sechs Monaten. Solange muss das Arbeitsverhältnis mindestens bestanden haben. Der jährliche Mindesturlaub beträgt laut Gesetz 24 Werktage. Die Dauer des Urlaubs ergibt sich aus der Zahl der tatsächlichen wöchentlichen Arbeitstage. Die Gesamtdauer des Urlaubs (24 Tage) ist durch die Zahl der Werktage (6 Tage) zu teilen und mit der Zahl der wöchentlich zu leistenden Arbeitstage zu multiplizieren.

Die Abgeltung des Urlaubs erfolgt in Form einer Geldzahlung anstelle der Freizeitgewährung und ist im Urlaubsrecht als Ersatz des nicht mehr erfüllbaren Freizeitanspruchs geregelt. Die Abgeltung des Urlaubs als der gesetzlich geregelte Ausnahmefall darf nicht über den im Gesetz vorgesehenen Bereich hinaus ausgedehnt werden. Eine Abgeltung des Urlaubs ist nach § 7 Absatz 4 Bundesurlaubsgesetz (BUrlG) nur zulässig, wenn und so weit der Urlaub wegen Beendigung des Arbeitsverhältnisses nicht mehr als Freizeit verwirklicht werden kann. Andere Gründe sind nicht erlaubt und daher in Tarifverträgen und in Arbeitsverträgen wegen Verstoßes gegen gesetzliche Bestimmungen nach § 134 BGB nichtig.

5.3.5 Lohnsteuer / Lohnsteuerstreckung

Der Arbeitgeber ist verpflichtet, bei der Lohn-, Gehalts- und Gagenabrechnung Lohnsteuer einzubehalten und abzuführen. Die Höhe der einzubehaltenden Lohnsteuer richtet sich dabei nach der Lohnsteuerklasse und nach der für den jeweiligen Lohnzahlungszeitraum maßgebenden Lohnsteuertabelle. Der Lohnzahlungszeitraum ist zwar im Regelfall der Kalendermonat, aber bei Filmproduktionen kommt häufig auch eine tägliche Zahlung bzw. Gagenabrechnung vor, so bei Schauspielern, die nur für einen oder einige wenige Tage engagiert werden. Man kann leicht nachvollziehen, dass es für diese Schauspieler nahezu unmöglich ist, an allen Tagen des Monats derartige tageweise Einsätze bei Filmproduktionen zu erlangen. Genau davon geht aber die Lohnsteuertabelle für tägliche Lohnzahlungen aus und sieht einen entsprechend hohen Lohnsteuerabzug vor. Zwar kann der Schauspieler die zu viel abgezogene Lohnsteuer nach Jahresende durch seine Einkommensteuererklärung wieder erstattet bekommen, im laufenden Monat fehlt ihm jedoch möglicherweise Geld. Einen realisierbaren Ausweg bietet die Lohnsteuerstreckung (erweiteter Lohnzahlungszeitraum), die der Arbeitgeber vornehmen kann (aber nicht muss). Dabei wird der Lohnzahlungszeitraum auf die vor der tatsächlichen Beschäftigung liegende Zeit ausgedehnt, so weit dieser Zeitraum nach der auf der Lohnsteuerkarte vermerkten Lohnsteuerbescheinigung nicht schon belegt ist. Es gilt jedoch die Einschränkung, dass für je zwei Tage der tatsächlichen Beschäftigung nur eine Woche, insgesamt jedoch höchstens ein Monat bescheinigt werden kann. Ist die Zahl der tatsächlichen Beschäftigungstage nicht durch zwei teilbar und verbleibt demnach ein Rest von einem Tag oder beträgt die tatsächliche Beschäftigungsdauer nur einen Tag, so kann hierfür – im Rahmen des Höchstzeitraums von einem Monat – ebenfalls eine Woche bescheinigt werden. Bei Eintragung voller Wochen ist die Wochentabelle auf jeweils die auf die Anzahl der Wochen aufgeteilte Gage, bei Eintragung eines Monats die Monatstabelle anzuwenden.

5.3.6 Unfallversicherung

Die Berufsgenossenschaften sind die Träger der gesetzlichen Unfallversicherung der Arbeitnehmer. Genau wie die Versicherungen der Sozialversicherung ist auch diese Unfallversicherung für jeden Arbeitnehmer Pflicht. Der Unterschied besteht allerdings darin, dass in diesem Fall der Arbeitgeber allein die Beiträge entrichten und an die zuständige Berufsgenossenschaft abführen muss. Film- und Fernsehproduktionsunternehmen werden normalerweise bei der Berufsgenossenschaft Feinmechanik und Elektrotechnik geführt. Für die korrekte Berechnung der Beiträge ist die richtige Zuordnung der Mitarbeiter zu den Gefahrenklassen erforderlich: Wer sich am Filmset bewegt, gehört in Gefahrenklasse 3, reine Bürotätigkeiten in Gefahrenklasse 1. Den Beitrag zur Berufsgenossenschaft errechnet der Filmgeschäftsführer, indem er das Arbeitsentgelt mit der Gefahrenklasse und mit der Umlageziffer, die jährlich von der Berufsgenossenschaft bekannt gegeben wird, multipliziert. Daraus ergibt sich ein Prozentsatz in der Größenordnung von 1 % der maximalen Jahres-Bruttolohnsumme pro Arbeitnehmer, die als Obergrenze ebenfalls von der Berufsgenossenschaft festgelegt wird (DM 120.000,00 im Jahr 2000).

5.3.7 Künstlersozialkasse

Das Künstlersozialversicherungsgesetz (KSVG) bietet selbständigen Künstlern und Publizisten im Wesentlichen den gleichen sozialen Schutz wie Arbeitnehmern. Wie diese werden sie renten-, kranken- und pflegeversichert und zahlen nur die Hälfte der Versicherungsbeiträge. Da Selbständige nicht arbeitslos werden können, entfällt der Arbeitslosenversicherungsbeitrag. Die andere Hälfte der Beiträge wird aus einer Abgabe der Unternehmen, die künstlerische und publizistische Leistungen verwerten, und einem Zuschuss des Bundes finanziert. Die Künstlersozialversicherung wird unter der Bezeichnung Künstlersozialkasse (KSK) von der Landesversicherungsanstalt Oldenburg-Bremen in Wilhelmshaven durchgeführt.

Der Filmgeschäftsführer hat also mit der Abführung von Beiträgen für Mitarbeiter, die in der Künstlersozialversicherung versichert sind, nichts zu tun. Sind diese Mitarbeiter selbständig tätig, legen sie eine Rechnung vor. Falls die Künstler angestellt werden müssen, werden sie genauso wie alle anderen Arbeitnehmer behandelt und für den Zeitraum des Angestelltenverhältnisses von der KSK freigestellt.

Was der Filmgeschäftsführer jedoch bei der Bearbeitung von Rechnungen, die von Künstlern oder Publizisten ausgestellt werden, beachten muss, ist die Künstler-

sozialabgabe. Diese wird von den Unternehmen durch die KSK erhoben, die die Leistungen der selbständigen Künstler und Publizisten verwerten. Dies kommt bei Film- und Fernsehproduktionen regelmäßig vor. Dabei sind alle Rechnungen zu berücksichtigen, die von selbständigen Künstlern oder Publizisten ausgestellt werden, auch wenn sie ihre Tätigkeit in Form einer Einzelunternehmung ausüben oder ihre Leistung mit anderen Künstlern im Rahmen einer GbR zusammen erstellen. Für die Erhebung der Künstlersozialabgabe spielt es übrigens keine Rolle, ob der Rechnungssteller selbst Mitglied der KSK ist. Deshalb muss auch auf alle Rechnungen von Künstlern, die nur nebenberuflich tätig sind oder beispielsweise im Ausland wohnen, die Künstlersozialabgabe geleistet werden.
Zum Entgelt gehört nicht nur das eigentliche Honorar für die künstlerische Leistung, sondern auch alle vom Unternehmen ersetzten Aufwendungen, die der Künstler tätigen musste, um seine Leistung zu erbringen. Ausgenommen sind Reise- und Bewirtungskosten innerhalb der steuerlichen Freigrenzen. Die Künstlersozialabgabe bezieht sich immer auf die Nettoentgelte. Das heißt, die gezahlte Umsatzsteuer ist nicht Teil der Berechnungsgrundlage.
Wenn das Filmproduktionsunternehmen laut KSVG zur Künstlersozialabgabe verpflichtet ist, muss es der KSK bis zum 31. März jeden Jahres alle im Vorjahr mit selbständigen Künstlern und Publizisten erzielten Umsätze melden. Zugleich hat das Unternehmen für das laufende Kalenderjahr monatliche Vorauszahlungen zu leisten, die sich aufgrund der Zahlen des Vorjahres berechnen.
Für das Jahr 2000 gibt es einen einheitlichen Abgabesatz für die vier Bereiche Wort, bildende Kunst, Musik und darstellende Kunst in Höhe von 4,0 %.

5.4 Erstattung von Aufwendungen

Nach § 670 des Bürgerlichen Gesetzbuches (BGB) hat der Arbeitnehmer bei einer auswärtigen Beschäftigung den Anspruch auf Aufwendungsersatz. Die Aufwendungen müssen einzeln durch den Arbeitnehmer nachgewiesen werden. Gemäß des Buchführungsgrundsatzes »Keine Buchung ohne Beleg« gilt auch hier: »kein Aufwendungsersatz ohne entsprechende Abrechnung« (z.B. Lohn-, Reisekosten-, km-Geldabrechnung).
Eine Beschäftigung ist auswärtig, wenn sie nicht am Wohnort ausgeübt wird. Die Höhe der Erstattung wird durch Tarifverträge, Betriebsvereinbarungen und Arbeitsverträge bestimmt.
Die Erstattungen von Aufwendungen nach dem Arbeitsrecht können die Beträge für die Steuerfreiheit übersteigen, deshalb ist stets zu prüfen, ob nach arbeits- oder tarifrechtlichen Regelungen bzw. nach steuerlichen Vorschriften steuerfreie Erstattungen vorliegen oder ob die Erstattung dem Arbeitslohn zugerechnet werden muss. Nur wenn die Erstattung steuerfrei ist, braucht kein Sozialversicherungsbeitrag gezahlt zu werden.
Die Erstattung von Aufwendungen bezieht sich auf folgende Bereiche:

1. Bewirtung
2. Reisekosten
3. Doppelte Haushaltsführung
4. Fahrten zwischen Wohnung und Arbeitsstätte

Neben der Erstattung von Aufwendungen ist auch der Sachbezug ein wichtiges Thema: Erzielt der Arbeitnehmer nämlich durch Zuwendungen des Arbeitgebers einen geldwerten Vorteil, ist dieser Sachbezug wie Lohn zu bewerten. Für den Sachbezug in Form von Wohnung, Kost, Waren, Dienstleistungen und für sonstige Sachbezüge besteht ein monatlicher Freibetrag von DM 50,00. Wird der Freibetrag auch nur geringfügig überschritten, so wird der Gesamtbetrag dem Arbeitslohn hinzugerechnet und mit dem individuellen Lohnsteuersatz versteuert. Auch Sozialversicherungsbeiträge werden dann auf Grundlage des erhöhten Arbeitslohns berechnet. Die Lohnsteuer auf Sachbezug kann auch pauschal mit 25 % (+ 5,5 % Solidaritätszuschlag + 7 % pauschale Kirchensteuer) des Sachbezugswertes berechnet werden. Diese pauschale Steuer trägt allein der Arbeitgeber. In diesem Fall fällt keine Sozialversicherung an.

Die entscheidenden Prüfungskriterien für den Sachbezug sind:

- »ganz überwiegend eigenbetriebliches Interesse«: kein Sachbezug
- »Belohncharakter«: Sachbezug

5.4.1 Bewirtungskosten

Die Bewirtungen werden in zwei Bereiche unterteilt:

1. Bewirtung von Geschäftsfreunden durch den Unternehmer
2. Bewirtung des eigenen Arbeitnehmers durch den Unternehmer

Bei der Buchung muss aus der Kontenbezeichnung hervorgehen, um welche Art der Bewirtung (Bewirtung Geschäftsfreunde oder Bewirtung Arbeitnehmer) es sich handelt. Eine Vermischung der beiden unterschiedlichen Geschäftsvorfälle innerhalb eines Kontos ist zu vermeiden.

5.4.1.1 Bewirtung von Geschäftsfreunden

Die Bewirtung von Geschäftsfreunden darf nur zu 80 % den abzugsfähigen Betriebsausgaben zugerechnet werden. Die restlichen 20 % gelten als Haushaltsersparnis und müssen als nichtabzugsfähige Betriebsausgaben gebucht werden.

Nimmt ein eigener Arbeitnehmer an der Bewirtung von Geschäftsfreunden teil, entsteht für ihn kein Sachbezug, da die Bewirtung aus überwiegend eigenbetrieblichem Interesse stattfindet. Erfolgt die Bewirtung der Geschäftsfreunde durch den Arbeitnehmer, so hat dieser einen Erstattungsanspruch in Höhe von 100% der Auslagen. Diese Erstattung ist nicht steuer- und sozialversicherungspflichtig.

5.4.1.2 Bewirtung des Arbeitnehmers durch den Arbeitgeber

Bei der Bewirtung des Arbeitnehmers durch den Arbeitgeber sind die Aufwendungen zu 100% abzugsfähige Betriebsausgaben.

Wird ein täglicher Mittagstisch gestellt wie beim Catering, entsteht steuerpflichtiger Sachbezug für den Arbeitnehmer. Der Sachbezug wird mit DM 4,77 je Mahlzeit bewer-

tet (im Jahr 2000). Dieser Sachbezug (wie unter 5.4 erläutert) unterliegt der Lohnsteuer und darüber hinaus der Umsatzsteuer.
Anders verhält es sich bei den so genannten Aufmerksamkeiten, die steuerfrei bleiben. Diese sind Sachzuwendungen (keine Geldzuwendungen), die der Arbeitnehmer vom Arbeitgeber im Rahmen üblicher Gesten der Höflichkeit erhält. Sie sind keine Entlohnung und führen zu keiner ins Gewicht fallenden Bereicherung des Arbeitnehmers. Sie werden vom Arbeitgeber im ganz überwiegenden betrieblichen Interesse erbracht und beziehen sich nicht auf die Arbeitsleistung. Zu den Aufmerksamkeiten zählen beispielsweise Kaffee, Tee, Getränke, Gebäck und Genussmittel, die den Arbeitnehmern zum Verzehr im Betrieb unentgeltlich oder verbilligt überlassen werden. Bei Aufmerksamkeiten für eine bestimmte Person aus Anlass eines besonderen persönlichen Ereignisses (z.B. Blumen zum Geburtstag) gilt eine Wertgrenze von DM 75,00 (einschl. Umsatzsteuer), bis zu welcher der Sachbezug steuerfrei bleibt.
Als steuerfreie Aufmerksamkeit gilt auch die Bewirtung von Arbeitnehmern durch den Arbeitgeber anlässlich und während eines außergewöhnlichen Arbeitseinsatzes (z.B. anlässlich von Überstunden oder während einer betrieblichen Besprechung, wie es bei Film- und Fernsehproduktionen häufig vorkommt). Ein derartiges Arbeitsessen ist bis zu einem Wert von DM 75,00 (einschl. Umsatzsteuer) durchschnittlich je Arbeitnehmer steuerfrei.
Bei einem regelmäßigen Arbeitsessen oder einem Essen mit Belohncharakter (z.B. anlässlich eines erfolgreichen Geschäftsabschlusses) werden die tatsächlichen Kosten des Essens dem Arbeitslohn des Arbeitnehmers hinzugerechnet (Sachbezug).
Ist das Abendessen eine gesellschaftliche Veranstaltung wie z.B. ein offizieller Empfang, so ist dies kein Sachbezug, da das eigenbetriebliche Interesse im Vordergrund steht. Dasselbe gilt für Betriebsveranstaltungen (z.B. Weihnachtsfeier), solange nicht mehr als zwei Veranstaltungen pro Jahr mit maximalen Kosten von jeweils DM 200,00 pro Arbeitnehmer stattfinden.
Wird der Arbeitnehmer während einer Dienstreise durch den Arbeitgeber bzw. in dessen Auftrag durch Dritte verpflegt, so sind die Aufwendungen zu 100 % als abzugsfähige Betriebsausgaben zu werten. Die Mahlzeit stellt für den Arbeitnehmer ein Sachbezug dar und ist auch so zu bewerten. Die amtlichen Sachbezugswerte sind im Jahr 2000:

Frühstück:	DM 2,67
Mittagessen:	DM 4,77
Abendessen:	DM 4,77

5.4.2 Reisekosten

Eine Filmproduktion gleicht häufig einem Wanderzirkus. Aber auch bei vielen anderen beruflichen Tätigkeiten sind Reisen aus dienstlichem Anlass an der Tagesordnung. Aufwendungen, die durch die berufliche Tätigkeit des Arbeitnehmers außerhalb seiner Wohnung und einer ortsgebundenen regelmäßigen Arbeitsstätte veranlasst sind, fallen unter den Begriff Reisekosten und müssen vom Arbeitgeber erstattet werden.
Zu den Reisekosten gehören:

- Fahrtkosten
- Verpflegungsmehraufwendungen (Diäten, Spesen)
- Übernachtungskosten
- Reisenebenkosten

Reisekosten entstehen bei einer Dienst- bzw. Geschäftsreise, bei Fahrtätigkeit und bei Einsatzwechseltätigkeit. Von Dienstreise spricht man bei Arbeitnehmern, von Geschäftsreise bei Selbständigen (Unternehmern).

Um Reisekosten bei Dienst- bzw. Geschäftsreisen handelt es sich, wenn folgende Voraussetzungen erfüllt sind:

- Die Tätigkeit des Arbeitnehmers findet aus beruflichen Gründen außerhalb seiner Wohnung und der ortsgebundenen regelmäßigen Arbeitsstätte statt.
- Es handelt sich um einen vorübergehenden Arbeitseinsatz.
- Die Dauer der auswärtigen Tätigkeit ist kürzer als drei Monate.

Nur ein Arbeitnehmer, der regelmäßig an einem festen Platz arbeitet, kann vorübergehend von diesem abwesend sein und damit die Voraussetzung für eine Dienstreise im steuerlichen Sinne erfüllen. Ein regelmäßiger Arbeitsplatz ist der Mittelpunkt einer dauerhaften beruflichen Tätigkeit eines Arbeitnehmers. Dort muss er wenigstens einen Teil der ihm insgesamt übertragenen Arbeiten verrichten.

Wenn die Dienstreise länger als drei Monate dauert und der Arbeitnehmer dabei an einem einzigen Ort tätig ist, so hat er dort eine (zweite) regelmäßige Arbeitsstätte. Ab dem vierten Monat werden also keine Reisekosten mehr gezahlt. Für die zusätzlichen Kosten, die durch den zweiten Wohnort entstehen, gilt dann die Regelung der doppelten Haushaltsführung.

Die Drei-Monats-Frist wird nicht durch Urlaub oder Krankheit verlängert. Nur wenn der Arbeitnehmer zwischenzeitlich mindestens vier Wochen lang im »heimatlichen« Betrieb tätig ist, wird die Frist unterbrochen. Beim Wechsel von einer auswärtigen Arbeitsstätte zur nächsten, beginnt der Dreimonatszeitraum jeweils neu, unabhängig davon, ob auch ein Wechsel der Unterkunft vorgenommen wurde.

5.4.2.1 Fahrtkosten

Als Fahrtkosten werden dem Arbeitnehmer grundsätzlich nur diejenigen Aufwendungen erstattet, die tatsächlich entstanden sind und die er durch Belege nachweisen kann. Bei der Benutzung öffentlicher Verkehrsmittel sind dies die Ticketkosten einschließlich der Zuschläge. Bei der Nutzung des eigenen Pkws gibt es folgende Möglichkeiten:

- Gemessen an der Jahresfahrleistung wird ein Teilbetrag der jährlichen Gesamtkosten ermittelt, der dem Anteil der Fahrten für den Arbeitgeber entspricht.
- Aufgrund der Gesamtkosten wird ein Kilometersatz ermittelt.
- Ein pauschaler Kilometersatz (DM 0,52 pro gefahrenem Kilometer im Jahr 2000) kann statt des Einzelnachweises angesetzt werden.

Für das Unternehmen sind die Aufwendungen für Fahrten als Reisekosten (Betriebsausgaben) voll abzugsfähig.

Für den Arbeitnehmer ist die Erstattung der tatsächlichen Kosten in voller Höhe und die Erstattung von Kilometerpauschalen bis zum steuerrechtlich abzugsfähigen Höchst-

betrag steuer- und sozialversicherungsfrei. Die Erstattung eines Betrages, der über die gesetzlich abzugsfähigen Aufwendungen hinausgeht, unterliegt der Lohnsteuer und der Sozialversicherung.
Entsprechende Regelungen gelten auch bei der Nutzung eines nicht betrieblichen Kfz durch den Unternehmer.
Wenn Mitarbeiter für den dienstlichen Einsatz bei Film- und Fernsehproduktionen ihre privaten Fahrzeuge verwenden, bearbeitet der Filmgeschäftsführer die Kilometerabrechnungen, die die Arbeitnehmer auf einem entsprechenden Formular ausfüllen müssen. Er überprüft vor der Erstattung, ob alle erforderlichen Angaben enthalten sind:

km-Geld-Abrechnung

Produktionstitel: ....
Produktionsnummer: ....
Name des Mitarbeiters: ....

Hiermit bestätige ich, dass ich für die nachfolgend aufgeführten Dienstfahrten mit meinem privaten Pkw, amtliches Kennzeichen ...., den unten ausgewiesenen Betrag erhalten habe.
Fahrten zwischen Wohnung und Arbeitsstätte sind in der Abrechnung nicht enthalten.
Ich versichere die Richtigkeit meiner Angaben.

Datum	Uhrzeit: von	bis	Wegstrecke	Kilometer	Anlass

Kilometer gesamt:
x km-Pauschale: DM ....
= Erstattungsbetrag: DM ....

genehmigt: Produktionsleiter / Herstellungsleiter: ....
Betrag erhalten: Ort: .... Datum: ....
Unterschrift: ....

5.4.2.2 Verpflegungsmehraufwendungen (Diäten, Spesen)

Die steuerfreie Erstattung von Verpflegungsmehraufwendungen (traditionell auch Diäten oder Spesen genannt), ist nur im Rahmen der gesetzlichen Pauschalbeträge möglich. Der Ansatz tatsächlicher Aufwendungen ist steuerrechtlich nicht vorgesehen.
Die Höhe der Pauschalbeträge richtet sich nach den Abwesenheitszeiten des Arbeitnehmers. Die Erstattungen der Aufwendungen des Arbeitnehmers für Verpflegungsmehraufwendungen sind als Betriebsausgaben voll abzugsfähig und für den Arbeitnehmer steuer- und sozialversicherungsfrei, so weit sie die gesetzlich abzugsfähigen Aufwendungen nicht übersteigen. Erstattungen, die die gesetzlich abzugsfähigen Aufwen-

dungen jedoch übersteigen, sind Arbeitslohn und damit steuer- und sozialversicherungspflichtig. Für Erstattungen eines Betrages, der bis zu 100 % über die gesetzlichen Pauschalen hinausgeht, kann die Lohnsteuer pauschal mit 25 % (+ 5,5 % Solidaritätszuschlag + 7 % pauschale Kirchensteuer) angesetzt werden. Die pauschale Lohnsteuer wird in voller Höhe vom Arbeitgeber getragen. Betragserstattungen, die über das doppelte der gesetzlichen Pauschalen hinausgehen, unterliegen der normalen Lohnbesteuerung.
Die Pauschalbeträge für Verpflegungsmehraufwendungen bei Dienstreisen des Arbeitnehmers (sowie bei Geschäftsreisen des Unternehmers) betragen (im Jahr 2000):

Bei Abwesenheit:	ab 24 Std.	zwischen 14 und 24 Std.	zwischen 8 und 14 Std.
Tagessatz:	DM 46,00	DM 20,00	DM 10,00

5.4.2.3 Übernachtungskosten

Auch die Übernachtungskosten, die einem Arbeitnehmer anlässlich einer Dienstreise entstehen, werden ihm vom Arbeitgeber erstattet. Der Betrag wird in der Regel aufgrund von Einzelnachweisen oder Sammelrechnungen in voller Höhe steuer- und sozialversicherungsfrei erstattet. Dabei ist die auf der Hotelrechnung ausgewiesene Umsatzsteuer nicht als Vorsteuer abzugsfähig (gemäß Steuerentlastungsgesetz seit 01.04.1999).
Falls der Arbeitnehmer keinen Beleg für seine Übernachtung vorlegen kann, weil er beispielsweise privat untergekommen ist, kann der Arbeitgeber die Auslagen auch pauschal erstatten. Bis zu einem gesetzlich festgelegten Pauschalbetrag von DM 39,00 (im Jahr 2000) bei Übernachtungen im Inland ist auch die pauschale Erstattung steuer- und sozialversicherungsfrei. Erstattungen, die die gesetzlich abzugsfähigen Aufwendungen übersteigen, sind Arbeitslohn und damit steuer- und sozialversicherungspflichtig.
Eine Besonderheit ist bei Übernachtungen mit Frühstück zu beachten: Erstattet der Arbeitgeber dem Arbeitnehmer die Frühstückskosten in einem Hotel im Rahmen einer Dienstreise, doppelten Haushaltsführung oder Einsatzwechseltätigkeit, so ist das Frühstück in Höhe des auf der Rechnung aufgeführten Betrages geldwerter Vorteil und somit steuerpflichtiger Sachbezug. Ist der Frühstückspreis (da z.B. auf der Rechnung nicht gesondert aufgeführt) nicht festzustellen, so sind die Kosten des Frühstücks bei einer Übernachtung im Inland mit DM 9,00 (im Jahr 2000) anzusetzen und vom Rechnungspreis abzuziehen. Ersetzt der Arbeitgeber den Gesamtpreis laut Hotelrechnung und ist im Hotelpreis das Frühstück enthalten, liegt demnach bezüglich der DM 9,00 steuerpflichtiger Sachbezug vor. Die Regelungen in der Sozialversicherung schließen sich hierbei den steuerlichen Beurteilungen an.
Eine Ausnahme ist gegeben, wenn die Überlassung des Frühstücks (oder anderer Mahlzeiten) auf Veranlassung des Arbeitgebers durch einen Dritten (Hotel) erfolgt. In diesem Fall kann der günstigere Sachbezugswert anstelle der DM 9,00 angesetzt werden. Eine Veranlassung besteht dann, wenn der Arbeitgeber Tag und Ort der Mahlzeit genau festlegt, und zwar vor Beginn der jeweiligen Auswärtstätigkeit. Die Finanzverwaltung verlangt hierfür eine schriftliche Vereinbarung wie z.B. ein Angebotsschreiben oder

eine Auftragsbestätigung. Ob der Arbeitgeber die Hotelrechnung direkt überweist oder der Arbeitnehmer diese bei der Abreise begleicht, spielt keine Rolle. Da bei Film- und Fernsehproduktionen normalerweise Hotelbuchungen im Voraus von der Produktionsleitung veranlasst werden, ist diese Ausnahmeregelung häufig anzuwenden.

5.4.2.4 Reisenebenkosten

Die während einer Auswärtstätigkeit anfallenden Nebenkosten können in der durch Belege nachgewiesenen oder glaubhaft gemachten Höhe steuer- und sozialversicherungsfrei erstattet werden. Beispiele für Reisenebenkosten sind Aufwendungen für:

- Die Beförderung und Aufbewahrung des Gepäcks
- Eine Reisegepäckversicherung, sofern sie sich auf die Auswärtstätigkeit beschränkt
- Öffentliche Verkehrsmittel oder Taxifahrten am Reiseort
- Gebühren für Telefongespräche, Faxe und Telegramme beruflichen Inhalts
- Porto
- Kosten für Garagen und Parkplätze während der Reise
- Trinkgelder (z.B. für Hotelpersonal) und kleinere Geschenke
- Schäden am Reisefahrzeug oder notwendigen Reisegepäck, die auf einer reisespezifischen Gefährdung beruhen (z.B. Unfall, Diebstahl)
- Stadtpläne und Landkarten

5.4.3 Doppelte Haushaltsführung

Einen doppelten Haushalt im steuerlichen Sinne führt, wer:

- beruflich außerhalb des Ortes beschäftigt ist, an dem er einen eigenen Hausstand unterhält (der Lebensmittelpunkt muss am ersten Wohnsitz beibehalten werden) und
- am Beschäftigungsort eine Zweitwohnung hat und
- nicht täglich an den Ort des eigenen Hausstandes zurückkehrt.

Ist die berufliche Beschäftigung als Dienstreise anzuerkennen, liegt keine doppelte Haushaltsführung vor. Mehraufwendungen im Rahmen der doppelten Haushaltsführung sind:

- Fahrtkosten zu Beginn und Ende der doppelten Haushaltsführung und die Fahrtkosten der Heimfahrten während des Filmprojekts,
- Verpflegungsmehraufwendungen,
- Aufwendungen für die Zweitwohnung (Mietwohnung oder Hotel)

Die doppelte Haushaltsführung ist auf zwei Jahre begrenzt. Die Frist beginnt neu bei einer Unterbrechung von mindestens 12 Monaten. Auch eine unmittelbar vorausgegangene Dienstreise ist nicht auf die doppelte Haushaltsführung anzurechnen.

Die Erstattungen von Mehraufwendungen (im Rahmen der doppelten Haushaltsführung) sind für den Arbeitnehmer steuer- und sozialversicherungsfrei, so weit sie die gesetzlich abzugsfähigen Aufwendungen nicht übersteigen.

Erstattungen, die jedoch höher liegen, sind Arbeitslohn und damit steuer- und sozialversicherungspflichtig. Die Pauschalierung der Lohnsteuer ist für die Mehraufwendungen im Rahmen der doppelten Haushaltsführung nicht möglich.

Die Aufwendungen für doppelte Haushaltsführung können (im Jahr 2000) wie folgt steuer- und sozialversicherungsfrei erstattet werden:

Aufwandsart	1–3 Monate	4–24 Monate
Fahrtkosten		
Hinfahrt zum Beginn und Rückfahrt zum Ende	pauschal DM 0,52/ km	pauschal DM 0,52/ km
Familienheimfahrten / Wochenendheimfahrten	pauschal DM 0,70/ je Entfernungs-km	pauschal DM 0,70/ je Entfernungs-km
Verpflegungsmehr- aufwendungen	pauschal DM 46,00 Tagessatz Dreimonatsfrist gilt! An- und Rückreisetage pauschal DM 10 bzw. DM 20,00	keine
Kosten der »Zweitwohnung« (Übernachtung)	Tatsächliche Aufwendungen oder pauschal DM 39,00 Dreimonatsfrist gilt !	Tatsächliche Aufwendungen oder pauschal DM 8,00

Gegenüberstellung der Reisekostenerstattungen bei doppelter Haushaltsführung und Dienstreise:

Doppelte Haushaltsführung	Dienstreise
Hin- und Rückreise zu Beginn und zum Ende der doppelten Haushaltsführung und eine Familienheimfahrt je Woche sind steuer- und sozialversicherungsfrei erstattungsfähig	Jede Hin- und Rückreise ist steuer- und sozialversicherungsfrei erstattungsfähig
km-Geld-Erstattung DM 0,70 je Entfernungs-km DM 0,35 je gefahrener km bei Wochenendheimfahrten ist steuer- und sozialversicherungsfrei erstattungsfähig	km-Geld-Erstattung DM 0,52 je gefahrener km ist steuer- und sozialversicherungsfrei erstattungsfähig
Verpflegungsmehraufwendungen bis zu 3 Monaten sind steuer- und sozialversicherungsfrei erstattungsfähig	Verpflegungsmehraufwendungen bis zu 3 Monaten sind steuer- und sozialversicherungsfrei erstattungsfähig

5.4.4 Fahrten zwischen Wohnung und Arbeitsstätte

Der Arbeitnehmer kann die Kosten für Fahrten zwischen Wohnung und Arbeitsstätte als Werbungskosten in seiner Einkommensteuererklärung geltend machen. Dies ist natürlich nur erlaubt, wenn der Arbeitgeber keine Erstattungen für diese Fahrten leistet. Er kann nämlich freiwillig Kosten für Fahrten zwischen Wohnung und Arbeitsstätte erstatten und zwar steuer- und sozialversicherungsfrei, wenn öffentliche Verkehrsmittel benutzt werden und die Tickets als Belege eingereicht werden. Fährt der Arbeitnehmer mit dem privaten Pkw, kann eine Pauschale von DM 0,70 pro Entfernungskilometer (im Jahr 2000) steuer- und sozialversicherungsfrei erstattet werden.

5.5 Sonderfälle

5.5.1 Unständig Beschäftigte

Nach § 163 des sechsten Sozialgesetzbuches (siehe Anhang) ist eine Beschäftigung als unständig einzustufen, wenn sie nach der Natur der Sache weniger als eine Woche lang besteht oder im Voraus vertraglich befristet wurde. Dabei zählt die Woche nicht als Kalenderwoche, sondern als Zeitraum von sieben aufeinander folgenden Tagen. Eine einmalige Beschäftigung in diesem Zeitraum hat nicht zur Folge, dass es sich um eine unständige Beschäftigung handelt. Vielmehr muss der Beschäftigte regelmäßig und berufsmäßig Arbeiten gemäß der in § 163 SGB VI angesprochenen Art zu verrichten pflegen.

Der unständig Beschäftigte hat Beiträge zur Kranken-, Pflege- und Rentenversicherung zu zahlen. Beitragsfreiheit besteht zur Arbeitslosenversicherung, dementsprechend existiert auch kein Anspruch auf Arbeitslosengeld für beschäftigungsfreie Tage. Der Gesamtbetrag der monatlich erzielten Arbeitsentgelte dient bis zur Höhe der Beitragsbemessungsgrenze zur Beitragsberechnung. Selbst, wenn nur an einem einzigen Tag im Monat gearbeitet wurde, werden Beiträge für den gesamten Monat abgeführt. Der Versicherungsschutz dauert noch drei Wochen nach dem letzten Arbeitseinsatz an.

Auch wenn mehrere unterschiedliche Arbeitgeber den Beschäftigten innerhalb eines Monats in Lohn und Brot hatten, ist doch jeder Arbeitgeber verpflichtet, den unständig Beschäftigten für 30 Tage zu versichern. Die Hälfte der Beiträge trägt der Arbeitgeber. Die sich daraus ergebenden Beitragsüberzahlungen fordert der Filmgeschäftsführer bei der Meldung der unständig Beschäftigten an die zuständige Krankenkasse zurück. Eine Rückerstattung erfolgt, wenn die monatliche Beitragsbemessungsgrenze überschritten wurde. Auch der Arbeitnehmer hat ein Recht auf Erstattung seiner überzahlten Beitragsanteile.

Der unständig Beschäftigte hat die Pflicht, der Krankenkasse unverzüglich den Beginn und das Ende einer unständigen Beschäftigung zu melden. Die Arbeitgeber müssen den unständig Beschäftigten auf seine Meldepflicht hinweisen. 21 Tage nach Ablauf der letzten gemeldeten Tätigkeit endet die Mitgliedschaft in einer Versicherung. Normalerweise teilt die Krankenkasse seinem Mitglied den auslaufenden Versicherungsschutz mit.

5.5.2 Geringfügig Beschäftigte

Es werden zwei Arten der geringfügigen Beschäftigung unterschieden:

1. die geringfügig entlohnte Beschäftigung
2. die zeitlich begrenzte Beschäftigung (kurzfristige Beschäftigung)

5.5.2.1 Geringfügig entlohnte Beschäftigungen

Die geringfügig entlohnte Beschäftigung wird in den Paragraphen § 40a Abs. 2 des Einkommensteuergesetzes (EStG), in den Lohnsteuerrichtlinien (LStR) R 128 und in § 8 Abs. 1 Nr. 1 des Vierten Sozialgesetzbuches geregelt, dessen Wortlaut im Anhang zu finden ist. Sie ist insbesondere dadurch gekennzeichnet, dass das monatliche Arbeitsentgelt DM 630,00 nicht übersteigt und die wöchentliche Arbeitszeit weniger als 15 Stunden beträgt.

Wenn der Arbeitnehmer neben der geringfügig entlohnten Beschäftigung noch weitere versicherungspflichtige Arbeitnehmer-Tätigkeiten ausübt und das Arbeitsentgelt insgesamt die 630-DM-Grenze überschreitet, unterliegt das gesamte Arbeitsentgelt der üblichen Beitragspflicht. Arbeitnehmer und Arbeitgeber müssen dann für jede einzelne Beschäftigung die gültigen Kranken-, Pflege- und Rentenversicherungsbeiträge je zur Hälfte tragen. Lediglich der Beitrag zur Arbeitslosenversicherung entfällt für die geringfügig entlohnten Beschäftigungen.

Wenn das sozialversicherungspflichtige Arbeitsentgelt insgesamt regelmäßig DM 630,00 im Monat nicht übersteigt, muss der Arbeitgeber pauschale Beiträge an die Sozialversicherung abführen, nämlich:

- 12% vom Arbeitsentgelt an die gesetzliche Rentenversicherung und
- grundsätzlich 10% an die gesetzliche Krankenversicherung.

Wenn der Beschäftigte nicht Mitglied einer gesetzlichen Krankenversicherung ist und auch nicht als Familienmitglied in einer Krankenkasse mitversichert ist, entfällt die Zahlung des Krankenversicherungsbeitrages. In diesem Fall braucht der Arbeitgeber nur den pauschalen Beitrag an die Rentenversicherung abzuführen. Aus den pauschalen Rentenbeiträgen können sich für die Versicherten Rentenansprüche ergeben. Wird beispielsweise eine geringfügig entlohnte Beschäftigung (monatlich DM 630,00) ein ganzes Jahr lang ausgeübt, erwirbt der Versicherte derzeit einen monatlichen Rentenanspruch von DM 4,17. Zudem werden 1,4 Monate für die Wartezeit berücksichtigt.

Der Arbeitnehmer kann seine Beiträge freiwillig aufstocken und dadurch Ansprüche auf das volle Leistungsspektrum der Rentenversicherung erwerben. Der Arbeitgeber muss den Beschäftigten über die Möglichkeit der Aufstockung informieren. Der Arbeitgeber übernimmt dabei weiterhin die Pauschale von 12 % des Arbeitsentgelts. Um auf den regulären Prozentsatz von 19,5 % (im Jahr 2000) zu kommen, zahlt der Arbeitnehmer darüber hinaus freiwillig 7,5 % seines Arbeitsentgeltes an die Rentenversicherung.

Der Filmgeschäftsführer achtet bei der Abrechnung von geringfügig entlohnten Beschäftigten darauf, dass sie in das normale Meldeverfahren einbezogen werden (Meldung an die Krankenkasse gemäß DEÜV). Außerdem lässt sich der Filmgeschäftsführer schriftlich bestätigen, dass er den geringfügig entlohnten Beschäftigten über die Möglichkeit der freiwilligen Aufstockung des Rentenversicherungsbeitrages aufgeklärt hat. Kann der Arbeitgeber nicht nachweisen, dass er seiner Informationspflicht nachgekommen ist, kann daraus eine Schadensersatzpflicht für die entgangenen Ansprüche des Arbeitnehmers erwachsen. Entschließt sich der geringfügig entlohnte Beschäftigte zu einer freiwilligen Aufstockung des Rentenversicherungsbeitrages, wird der Arbeitnehmeranteil vom Arbeitgeber einbehalten und der Gesamtbeitrag an die zuständige Krankenkasse überwiesen. Für die Lohnbesteuerung geringfügig entlohnter Beschäftigungsverhältnisse kommen zwei Möglichkeiten in Betracht:

1. Es wird anhand einer Lohnsteuerkarte versteuert, wobei laut Lohnsteuertabelle bei einem Bruttogehalt von DM 630,00 in der Regel kein Lohnsteuerabzug anfällt.
2. Das Arbeitsentgelt ist steuerfrei, wenn der Beschäftigte eine Freistellungsbescheinigung des Finanzamtes vorlegt. Diese erhält der Arbeitnehmer normalerweise, wenn die Summe seiner anderen Einkünfte nicht positiv ist.

Wird weder eine Lohnsteuerkarte noch eine Freistellungsbescheinigung vorgelegt, muss die Versteuerung nach Lohnsteuerklasse VI erfolgen.
Geringfügig entlohnte Beschäftigte haben Anspruch auf Urlaub und Lohnfortzahlung im Krankheitsfall.

5.5.2.2 Zeitlich begrenzte Beschäftigungen

Diese – auch kurzfristige Beschäftigung genannte – Form der geringfügigen Beschäftigung wird in den Paragraphen § 40a Abs. 1 des EStG, in den LStR R 128 und in § 8 Abs. 1 Nr. 2 des Vierten Sozialgesetzbuches (der Wortlaut ist im Anhang zu finden) geregelt.
Eine kurzfristige Beschäftigung liegt vor, wenn der Arbeitnehmer bei dem Arbeitgeber gelegentlich, also nicht regelmäßig wiederkehrend beschäftigt wird, die Dauer der Beschäftigung 18 zusammenhängende Arbeitstage nicht übersteigt und

1. der Arbeitslohn während der Beschäftigungsdauer DM 120,00 durchschnittlich je Arbeitstag oder DM 22,00 pro Stunde nicht übersteigt oder
2. die Beschäftigung zu einem unvorhersehbaren Zeitpunkt sofort erforderlich wird.

Der Arbeitgeber kann unter Verzicht auf die Vorlage einer Lohnsteuerkarte bei Arbeitnehmern, die nur kurzfristig beschäftigt werden, die Lohnsteuer mit einem Pauschalsteuersatz von 25 % des Arbeitslohns erheben. Hinzu kommt noch die pauschalierte Kirchensteuer (regelmäßig 7 % der Lohnsteuer) und der Solidaritätszuschlag (5,5 % der Lohnsteuer). Diese pauschale Lohnsteuer wird vom Arbeitgeber allein getragen. Im Anhang findet sich der für diese Regelung relevante § 40a EStG über die Pauschalierung der Lohnsteuer für Teilzeitbeschäftigte.
Beiträge zur Sozialversicherung entfallen, wenn die maximale Beschäftigungszeit von 50 Arbeitstagen innerhalb der letzten 365 Tage oder von 2 Monaten am Stück nicht überschritten wird.
Kurzfristig Beschäftigte haben keinen Anspruch auf Urlaub oder Lohnfortzahlung im Krankheitsfall.

5.5.2.3 Gegenüberstellung von geringfügig entlohnter Beschäftigung und kurzfristiger Beschäftigung

	Geringfügig entlohnte Beschäftigung	Zeitlich begrenzte Beschäftigung (Kurzfristige Beschäftigung)
Maximales Entgelt	DM 630,00 pro Monat	DM 120,00 pro Tag DM 22,00 pro Stunde (nur steuerrechtliche Kriterien)
Beschäftigungszeit	weniger als 15 Std. /Woche	maximal 18 zusammenhängende Arbeitstage (steuerrechtliches Kriterium) maximal 50 Arbeitstage pro Jahr oder 2 Monate am Stück (sozialversicherungsrechtliches Kriterium)
Lohnsteuer	– nach Lohnsteuerkarte oder – Lohnsteuerfrei mit Freistellungsbescheinigung	pauschal 25 %
Sozialversicherung	– 10 % pauschale Krankenversicherg. – 12 % pauschale Rentenversicherg.	kein Beitrag
Urlaub/Lohnfortzahlg. im Krankheitsfall	Ja	Nein
An- u. Abmeldung an die Krankenkasse	Ja	Ja
Sonstiges		Beschäftigung darf nicht berufsmäßig ausgeübt werden

5.5.3 Geringverdiener

Zur Gruppe der Geringverdiener gehören Personen mit geringem Arbeitsverdienst (häufig Praktikanten und Auszubildende). Sofern sie nicht unter die Regelungen für geringfügig Beschäftigte fallen, gelten für Geringverdiener die allgemeine Steuerpflicht und die generelle Sozialversicherungspflicht. Sie werden auf Lohnsteuerkarte abgerechnet. Arbeitgeber und Arbeitnehmer tragen je zur Hälfte die Sozialversicherungsbeiträge. Bei Auszubildenden gilt eine Besonderheit: Sollte der Arbeitslohn unter DM 630,00 liegen, hat der Arbeitgeber die Sozialversicherungsbeiträge zu 100 % zu tragen.

5.5.4 Studenten

Studenten stellen hinsichtlich der Lohnsteuer keine Besonderheit dar, sofern sie keine Aushilfs- und Teilzeittätigkeit ausüben. Sie erhalten allerdings meist die bezahlte Lohnsteuer wegen des Jahressteuerfreibetrages zurückerstattet.

Bei Studenten unterscheidet die Sozialversicherung drei Fälle:

1. Nicht anderweitig beschäftigte Studenten sind für die Dauer des Studiums bis zum Abschluss des vierzehnten Fachsemesters bzw. bis zur Vollendung des dreißigsten Lebensjahres kranken- und pflegeversichert in der studentischen Kranken- und Pflegeversicherung.

2. Anderweitig beschäftigte Studenten sind, wenn sie mehr als 20 Wochenstunden während des Studiums als Arbeitnehmer beschäftigt sind, sozialversicherungspflichtig wie jeder Arbeitnehmer. Überwiegt jedoch der Einsatz der Arbeitskraft für das Studium und richtet sich die Beschäftigung nach den Erfordernissen des Studiums aus, so liegt der Studentenstatus vor. In diesem Fall sind die Studenten nur rentenversicherungspflichtig. In der vorlesungsfreien Zeit sind anderweitig beschäftigte Studenten generell nur rentenversicherungspflichtig. Sollte jedoch die Beschäftigung außerhalb der vorlesungsfreien Zeit beginnen bzw. enden, so ist die gesamte Beschäftigung steuer- und sozialversicherungspflichtig.
3. Ist ein Student im Laufe eines Jahres mehr als insgesamt 26 Wochen Arbeitnehmer mit mehr als 20 Wochenstunden, so verliert er seinen Studentenstatus. Die Anmeldebescheinigung der Universität (Immatrikulation) muss zu den Lohnunterlagen geheftet werden.

5.5.5 Kinder und Jugendliche

5.5.5.1 Arbeitsrecht

Nach Jugendarbeitsschutzgesetz (JArbSchG § 5 Abs. 1) ist die Beschäftigung von Kindern und Jugendlichen unter 15 Jahren verboten! Es gibt nur folgende Ausnahmefälle: So dürfen Kinder unter 15 Jahren im Rahmen einer Beschäftigungs- und Arbeitstherapie bzw. eines Praktikums arbeiten, z.B. in einem Schülerpraktikum, das zur Berufsorientierung dient. Die Arbeitszeit darf maximal 7 Stunden täglich und 35 Stunden wöchentlich betragen.

Kinder über 13 Jahren dürfen mit der Einwilligung des Vorsorgeberechtigten (meist die Eltern) einer leichten und für Kinder geeigneten Beschäftigung nachgehen. Was eine leichte und geeignete Beschäftigung ist, wird in § 5 [3] 1-3 und 4b JArbSchG festgelegt, dazu zählen folgende Merkmale:

- maximal zwei Stunden täglich zwischen 8 und 18 Uhr
- nicht vor oder während des Schulunterrichts
- Samstags-, Sonn- und Feiertagsruhe sind einzuhalten
- insgesamt maximal zehn Stunden wöchentlich

Unter diesen Bedingungen kommt ein Einsatz von Kindern und Jugendlichen bei Film- und Fernsehproduktionen allerdings kaum in Frage. Sind also alle Kinder, die wir täglich im Fernsehen sehen, illegal beschäftigt worden? Wie immer, wenn etwas verboten ist, tun es die Kinder bekanntlich trotzdem gerne, besonders wenn es darum geht, in einem Film mitzuspielen. Das bedeutet, dass eine Produktion, die Kinder beschäftigen will, für diese eine Ausnahmegenehmigung erwirken muss, durch die das Verbot unter Einhaltung bestimmter Auflagen außer Kraft gesetzt wird. Eine Ausnahmegenehmigung kann durch Antragstellung beim Gewerbeaufsichtsamt erlangt werden. Das Gewerbeaufsichtsamt kann eine solche Genehmigung erteilen, damit Kinder und Jugendliche bei gestalterischen Tätigkeiten wie z.B. bei Aufnahmen in Rundfunk und Fernsehen, auf Ton- und Bildträgern sowie bei Film- und Fotoaufnahmen mit folgenden Einschränkungen mitwirken dürfen:

- Säuglinge und Kleinkinder bis zum Alter von drei Jahren dürfen maximal zehn Mi-

nuten am Tag von der Kamera beobachtet werden (laut staatlichem Amt für Arbeitsschutz NRW).
- Drei- bis sechsjährige Kinder dürfen maximal zwei Stunden zwischen 8 und 17 Uhr eingesetzt werden.
- Kinder über sechs Jahren dürfen maximal drei Stunden in der Zeit von 8 bis 22 Uhr beschäftigt werden.

Für die Bewilligung einer Ausnahmegenehmigung gelten folgende Voraussetzungen:
- Die schriftliche Einwilligung der Eltern oder Vorsorgeberechtigten.
- Eine ärztliche Unbedenklichkeitsbescheinigung. Die Bescheinigung darf maximal drei Monate alt sein.
- Das schriftliche Einverständnis der Schulleitung, es sei denn, das Kind wäre nicht schulpflichtig oder hätte Ferien
- Die Zustimmung des Jugendamtes
- Der Arbeitgeber muss zuverlässigen Schutz vor Gefahren gewährleisten.
- Die Betreuung / Beaufsichtigung durch Eltern, Lehrer oder Medienmitarbeiter muss vorhanden sein. Der Medienmitarbeiter muss mindestens 21 Jahre alt sein.
- Nach Beschäftigungsschluss muss mindestens eine 14-stündige Pause gewährt werden.
- Der schulische Werdegang darf nicht beeinträchtigt werden. Außerdem muss bei Dreharbeiten während der Schulzeit ein Lehrer anwesend sein (dadurch entstehen weitere Kosten).

Eine Ausnahmegenehmigung kann vom Gewerbeaufsichtsamt jederzeit, auch ohne Angabe von Gründen, rückgängig gemacht werden. Es genügt, dass die Behörde in eigenem Ermessen feststellt, dass dem Kind die Mitarbeit nicht mehr zuzumuten ist.
Ab dem Alter von 15 Jahren ist die Beschäftigung von Jugendlichen erlaubt. Allerdings gelten folgende Arbeitszeiten:
- maximal acht Stunden täglich in der Zeit von 6 bis 22 Uhr
- maximal 40 Wochenstunden
- bei Vollzeitschulpflichtigen maximal vier Wochen während der Schulferien
- es sind Ruhezeiten vorzusehen, so ist bei einer 4,5- bis 6-stündigen Arbeitszeit eine halbe Stunde Pause einzuplanen. Bei einer mehr als 6-stündigen Arbeit sollen mindestens 60 Minuten Ruhezeit einkalkuliert werden. Als Ruhezeit gilt nur eine Arbeitsunterbrechung von mindestens 15 Minuten.

Relevante Paragraphen des Jugendarbeitsschutzgesetzes sind im Anhang zu finden.

5.5.5.2 Steuerrecht

Jedes Arbeitsentgelt von Kindern und Jugendlichen ist grundsätzlich steuerpflichtig. Selbst bei Verstoß gegen das Jugendarbeitsschutzgesetz (JarbSchG) gilt, dass die Beschäftigung steuerpflichtig ist.

5.5.5.3 Sozialversicherungsrecht

In folgenden Fällen sind Kinder, Jugendliche und Volljährige bei Angehörigen (in der Regel Eltern) familienversichert:

- Bis zur Vollendung des 18. Lebensjahrs
- Bis zum 23. Lebensjahr, wenn sie keine entgeltliche Beschäftigung oder selbstständige Tätigkeit ausüben
- bis zur Vollendung des 25. Lebensjahrs, wenn sie sich noch in einer Schul- oder Berufsausbildung befinden

Dagegen sind Kinder, Jugendliche und Volljährige nicht familienversichert, wenn sie ein Einkommen erhalten, das in der Summe über einem Betrag von DM 630,00 monatlich liegt. Sind Kinder, Jugendliche und Volljährige einmal krankenversicherungspflichtig gewesen, so haben sie ein Recht zur Wiederaufnahme in die Familienversicherung, wenn:

- ihre Krankenversicherungspflicht endet
- sie sich in einer (Schul-) Ausbildung befinden
- noch nicht das 25. Lebensjahr überschritten ist

Kinder, Jugendliche und volljährige Familienversicherte sind rentenversicherungspflichtig, sofern sie in einem Zeitraum von einem Jahr mehr als 50 Tage beschäftigt sind oder ein Pflichtpraktikum als Bedingung für den Hochschulbesuch oder zur Erlangung des Abschlusses absolvieren. Ein derartiges Pflichtpraktikum führt auch zur Arbeitslosenversicherungspflicht, davon sind nur »ordentliche« Studenten ausgenommen.

Alle anderen gängigen Praktika stellen ein in vollem Umfang sozialversicherungspflichtiges Arbeitsverhältnis dar. Nach Beendigung des Praktikums besteht das Recht auf Wiederaufnahme in die Familienversicherung.

5.5.6 Rentner und Pensionäre

5.5.6.1 Rentner

Im Sinne des Arbeitsrechts werden Rentner genauso behandelt wie andere Arbeitnehmer. Der Bezug von Rente stellt keinen Kündigungsgrund dar und darf nicht zur Benachteiligung des Rentners führen (z.B. Herabsetzung des Arbeitsentgelts). Im Arbeitsvertrag kann zwar eine Altersgrenze festgelegt werden, grundsätzlich ist die Vollendung des 65. Lebensjahres aber kein Kündigungsgrund.

Renten sind nicht dem steuerpflichtigen Arbeitsentgelt gleichzusetzen, deshalb werden sie nur in Höhe des Ertragsanteils besteuert, der dem Zinsertrag der eingezahlten Beiträge entspricht. Renten, die von einer Kranken- oder einer gesetzlichen Unfallversicherung stammen, sind generell steuerfrei.

Für weiterbeschäftigte Rentner verändert sich die Besteuerung, so wird für die Berechnung eine besondere Lohnsteuertabelle benutzt. Außerdem kommt mit Vollendung des 64. Lebensjahres der Altersentlastungsfreibetrag zur Anwendung. Der Arbeitgeber muss im Einzelfall prüfen, ob der Altersentlastungsfreibetrag zur Anwendung kommt, denn auf der Lohnsteuerkarte ist er nicht eingetragen.

Für die Sozialversicherung gilt, dass weiterbeschäftigte Rentner bei einer geringfügigen Beschäftigung Versicherungsfreiheit genießen. Erfüllt die Beschäftigung nicht den Status einer geringfügigen Beschäftigung, dann treten für die einzelnen Versicherungszweige unterschiedliche Regelungen ein. Bei der Krankenversicherung besteht Versicherungspflicht. Die Bezieher von Altersrente, Altersruhegeldern und Erwerbsunfähigkeitsrenten genießen einen ermäßigten Beitrag. Für die Pflegeversicherung gilt generell Versicherungspflicht.

In Bezug auf die Arbeitslosenversicherung besteht für Altersvoll- und Altersteilrenten, Altersruhegeldern, Berufsunfähigkeits- und Hinterbliebenenrenten eine Versicherungspflicht bis zur Vollendung des 65. Lebensjahres. Nach diesem Zeitpunkt besteht für den Rentner keine Versicherungspflicht mehr, unabhängig davon, ob die Beschäftigung geringfügig ist oder nicht. Der Arbeitgeber hingegen muss, wenn die Beschäftigung nicht geringfügig ist, seinen Anteil an die Arbeitslosenversicherung zahlen.

Wird eine Erwerbsunfähigkeitsrente bezogen, so besteht unabhängig vom Lebensalter Versicherungsfreiheit. In diesem Fall braucht auch der Arbeitgeber keinen Beitrag zur Arbeitslosenversicherung zu leisten.

Bezieher von Altersvollrente sind im Hinblick auf die Rentenversicherung versicherungsfrei. Ist die Beschäftigung umfassender als eine geringfügige Beschäftigung, so hat der Arbeitgeber seinen Beitrag an die Rentenversicherung zu leisten. Bezieher von Altersteilrente sind immer rentenversicherungspflichtig.

Bei einem Bezug von Berufsunfähigkeits-, Erwerbsunfähigkeits-, und Hinterbliebenenrente besteht eine Versicherungspflicht nach allgemeinen Grundsätzen, ausgenommen bei einer geringfügigen Beschäftigung.

Es ist zu beachten, dass in Abhängigkeit von der Hinzuverdiensthöhe es zu einer Kürzung oder gar Wegfall der Rente kommen kann. Die Hinzuverdienstgrenze ist je nach Rente allerdings unterschiedlich. Bezieher von Altersrente, die das 65. Lebensjahr vollendet haben, können uneingeschränkt hinzuverdienen. Ist der betreffende Altersrentenbezieher jünger als 65 Jahre, so darf er maximal DM 630,00 monatlich hinzuverdienen.

Art der Rente	Sozialversicherungsträger			
	KV	**PV**	**AV**	**RV**
Altersvollrente	Versicherungspflicht ermäßigter Beitrag	Versicherungspflicht	Versicherungspflicht bis 65 – nach 65 nur Arbeitgeberanteil	Versicherungsfrei Arbeitgeberanteil ist zu entrichten
Altersteilrente	Versicherungspflicht	Versicherungspflicht	Versicherungspflicht bis 65 – nach 65 nur Arbeitgeberanteil	Versicherungs-pflicht
Berufsunfähig-keitsrente Hinterbliebenen-rente	Versicherungspflicht nach allgemeinen Grundsätzen	Versicherungspflicht nach allgemeinen Grundsätzen	Versicherungspflicht nach allgemeinen Grundsätzen	Versicherungspfl. nach allgemeinen Grundsätzen
Erwerbsunfähig-keitsrente	Versicherungspflicht nach allgemeinen Grundsätzen	Versicherungspflicht nach allgemeinen Grundsätzen	versicherungsfrei kein Arbeitgeberanteil	Versicherungspfl. nach allgemeinen Grundsätzen

Oben stehende Tabelle gibt einen Überblick über die Sozialversicherungspflicht von Rentnern.

Bei Überschreiten der Grenze verwandelt sich die Altersvollrente in eine Altersteilrente mit den entsprechenden Folgen (z.B. Rentenversicherungspflicht).

5.5.6.2 Pensionäre

Anders als bei der Rente ist die Voraussetzung für den Erhalt einer Pension ein früheres Dienstverhältnis und keine in der Vergangenheit geleisteten Beitragszahlungen. Zwar werden Pensionäre bei einer Weiterbeschäftigung grundsätzlich wie Rentner behandelt, trotzdem ergeben sich einige Unterschiede im Hinblick auf Lohnsteuererhebung und Krankenversicherungspflicht.
Pensionen gelten als steuerpflichtiger Arbeitslohn, der als Entgelt für ein früheres Dienstverhältnis geleistet wird. Neben der Gruppe der Beamtenpensionäre gibt es noch die Werkspensionäre, diese hatten einen privaten Dienstherrn. Bei der Besteuerung kommt der Versorgungsfreibetrag zur Anwendung. Das heißt, 40% der Pension (höchstens aber DM 6.000,00 im Kalenderjahr) sind steuerfrei. Tritt der Pensionär eine Beschäftigung an, die keine geringfügige Beschäftigung ist, so wird die besondere Lohnsteuertabelle zur Berechnung herangezogen. Ansonsten gelten die Regelungen wie bei Rentnern.
Auch hinsichtlich der Sozialversicherung werden Pensionäre, die einer Beschäftigung nachgehen, wie Rentner behandelt. Werkspensionäre erhalten neben ihrer Pension aus einem privaten Dienstverhältnis auch immer eine gesetzliche Altersrente und werden aus diesem Grund sozialversicherungsrechtlich wie Rentner behandelt. Für Pensionäre gilt, dass, sobald sie das 65. Lebensjahr überschritten haben und eine mehr als nur geringfügige Beschäftigung ausüben, ihr Arbeitgeber seine Beitragsanteile zur Renten- und Arbeitslosenversicherung leisten muss.
Eine einzige Abweichung gegenüber der Rente ergibt sich bei Beamtenpensionären hinsichtlich der Krankenversicherungspflicht. Sie erhalten eine Befreiung von der Pflicht zur Kranken- und Pflegeversicherung, wenn sie Anspruch auf Beihilfe bei Erkrankung nach den beamtenrechtlichen Vorschriften haben (SGB VI Abs. 1 Nr. 6). Folgende Tabelle gibt einen Überblick über die Sozialversicherungspflicht von Pensionären:

Art der Pension	Sozialversicherungsträger			
	KV	**PV**	**AV**	**RV**
Beamtenpensionär	versicherungsfrei	versicherungsfrei	versicherungsfrei – Arbeitgeberanteil ist zu entrichten	versicherungsfrei – Arbeitgeberanteil ist zu entrichten
Werkspensionär	Versicherungspflicht ermäßigt. Beitrag	Versicherungspflicht	Versicherungspflicht bis 65 Jahre – nach 65 nur Arbeitgeberanteil	versicherungsfrei – Arbeitgeberanteil ist zu entrichten

5.5.7 Ausländische Mitarbeiter

5.5.7.1 Überblick

Bei der Beschäftigung ausländischer Mitarbeiter ist eine Reihe von Besonderheiten zu beachten. Zu Beginn stellt sich – wie so häufig – die Frage: Darf der Mitarbeiter auf Rechnung arbeiten, ist er also selbständig, oder ist er Arbeitnehmer? Ist die Entscheidung gefallen, kann der Filmgeschäftsführer mit der Abrechnung beginnen. Bei Selbständigen richtet sich die Vorgehensweise nach § 50 a EStG, für die Abrechnung von Arbeitnehmern ist der § 39 d EStG besonders wichtig.

a) § 39 d EStG

Im Grunde genommen stellt sich für den Filmgeschäftsführer zunächst gar nicht die Frage nach der Staatsangehörigkeit des Arbeitnehmers. Die Finanzverwaltung interessiert vielmehr, ob der Mitarbeiter unbeschränkt oder beschränkt steuerpflichtig ist. Unbeschränkt steuerpflichtig ist grundsätzlich jeder Arbeitnehmer, der in Deutschland einen festen Wohnsitz besitzt oder sich für mehr als sechs Monate im Inland aufhält. In diesem Fall legt der Angestellte eine Lohnsteuerkarte vor und sein Gehalt wird auf üblichem Wege dem Lohnsteuerabzug unterworfen. Treffen die Voraussetzungen jedoch nicht zu, besitzt der Arbeitnehmer also keinen Wohnsitz in der BRD oder hält er sich nicht mehr als sechs Monate im Inland auf, so ist er als beschränkt steuerpflichtig einzustufen. In diesem Fall werden nur die Inlandseinkünfte besteuert.

b) § 50 a EStG

Selbständige führen ihre Einkommensteuer selbst an das Finanzamt ab – sie sind nicht dem Lohnsteuerabzug durch den Arbeitgeber unterworfen. Da man bei Künstlern (und ähnlichen Berufsgruppen), die ihren Wohnsitz im Ausland haben, jedoch nicht erwarten kann, dass sie ihre in Deutschland erzielten Einnahmen freiwillig und aufgrund eigener Initiative versteuern, regelt § 50 a EStG, dass Auftraggeber pauschal 25 % des Honorars ihres ausländischen Mitarbeiters als Steuer einbehalten und an das Bundesamt für Finanzen abführen müssen.

5.5.7.2 Unterscheidung zwischen unbeschränkter und beschränkter Einkommensteuerpflicht

a) Unbeschränkte Einkommensteuerpflicht

§ 1 (1) EStG regelt, dass natürliche Personen, die im Inland einen Wohnsitz oder ihren gewöhnlichen Aufenthalt haben, unbeschränkt einkommensteuerpflichtig sind.
Nach § 1 (3) EStG werden auf Antrag allerdings auch natürliche Personen als unbeschränkt einkommensteuerpflichtig behandelt, die im Inland weder einen Wohnsitz noch ihren gewöhnlichen Aufenthalt haben, so weit sie inländische Einkünfte des § 49 EStG haben. Für Beschäftigte bei Film und Fernsehen sind dabei besonders folgende Einkunftsarten interessant:

- § 49 (1) 2. d EStG: Einkünfte aus Gewerbebetrieb, die durch künstlerische, sportliche, artistische oder ähnliche Darbietungen im Inland oder durch deren Verwertung im Inland erzielt werden.

- § 49 (1) 3. EStG: Einkünfte aus selbständiger Arbeit, die im Inland ausgeübt oder verwertet wird oder worden ist.
- § 49 (1) 4. EStG: Einkünfte aus nichtselbständiger Arbeit, die im Inland ausgeübt oder verwertet wird oder worden ist.

Die unbeschränkte Einkommensteuerpflicht für diese Personen gilt nach § 1 (3) EStG jedoch nur, wenn ihre Einkünfte im Kalenderjahr mindestens zu 90 % der deutschen Einkommensteuer unterliegen oder die nicht der deutschen Einkommensteuer unterliegenden Einkünfte nicht mehr als 12.000,00 DM im Kalenderjahr betragen. Inländische Einkünfte, die nach einem Doppelbesteuerungsabkommen nur der Höhe nach beschränkt besteuert werden dürfen, gelten hierbei als nicht der deutschen Einkommensteuer unterliegend.

Weitere Voraussetzung ist, dass die Höhe der nicht der deutschen Einkommensteuer unterliegenden Einkünfte durch eine Bescheinigung der zuständigen ausländischen Steuerbehörde nachgewiesen wird.

Dessen ungeachtet muss der Steuerabzug nach § 50 a EStG grundsätzlich vorgenommen werden; eine Verrechnung ist dann erst mit der Steuererklärung möglich.

b) Beschränkte Einkommensteuerpflicht

Gemäß § 1 (4) sind natürliche Personen, die im Inland weder einen Wohnsitz noch ihren gewöhnlichen Aufenthalt haben, beschränkt einkommensteuerpflichtig, wenn sie inländische Einkünfte im Sinne des
§ 49 EStG haben.

Beschränkt einkommensteuerpflichtig sind also

- Personen, deren inländische Einkünfte weniger als 90 % der Gesamteinkünfte und deren ausländische Einkünfte mehr als DM 12.000,00 (bei verheirateten EU-Bürgern DM 24.000,00) betragen
- Personen, die zwar die Einkunftsgrenze des § 1 (3) EStG für die Behandlung als unbeschränkt einkommensteuerpflichtig einhalten, die aber keinen Antrag auf unbeschränkte Steuerpflicht stellen.

Was bedeuten Wohnsitz und gewöhnlicher Aufenthalt?

»Einen Wohnsitz hat jemand dort, wo er eine Wohnung unter Umständen innehat, die darauf schließen lassen, dass er die Wohnung beibehalten und benutzen wird« (§ 8 AO).

»Den gewöhnlichen Aufenthalt hat jemand dort, wo er sich unter Umständen aufhält, die erkennen lassen, dass er an diesem Ort oder in diesem Gebiet nicht nur vorübergehend verweilt. Als gewöhnlicher Aufenthalt ist stets und von Beginn an ein zeitlich zusammenhängender Aufenthalt von mehr als sechs Monaten Dauer anzusehen; kurzfristige Unterbrechungen bleiben unberücksichtigt. Dies gilt nicht, wenn der Aufenthalt ausschließlich zu Besuchs-, Erholungs-, Kur oder ähnlichen Zwecken genommen wird und nicht länger als ein Jahr dauert« (§ 9 AO).

5.5.7.3 Abgrenzung zwischen selbständiger und nichtselbständiger Tätigkeit bei beschränkt steuerpflichtigen Künstlern und verwandten Berufen

Gemäß Schreiben des Bundesministers der Finanzen vom 05.10.1990 (BStBL 1990 J.S. 683) gilt bei Künstlern und verwandten Berufen, so weit sie eine unmittelbare Vertragsbeziehung zum Arbeitgeber / Auftraggeber begründen, zur Abgrenzung zwischen selbständiger Tätigkeit und nichtselbständiger Arbeit Folgendes (die Regelungen sind auf beschränkt steuerpflichtige Künstler übertragbar):

a) Allgemein

Eine nichtselbständige Arbeit liegt vor, wenn der Mitarbeiter unter der Leitung eines Arbeitgebers steht oder in den geschäftlichen Organismus des Arbeitgebers eingegliedert und dessen Weisungen zu folgen verpflichtet ist.

Nicht Arbeitnehmer ist dagegen, wer Lieferungen und sonstige Leistungen innerhalb der von ihm selbständig ausgeübten gewerblichen und beruflichen Tätigkeit im Inland gegen Entgelt ausführt. Bei der Abgrenzung kommt es nicht so sehr auf die formelle vertragliche Gestaltung, als vielmehr auf die Durchführung der getroffenen Vereinbarung an. Bei künstlerischen und verwandten Berufen führt dies im Allgemeinen zu folgenden Ergebnissen:

b) Tätigkeit bei Hörfunk und Fernsehen

Die neben dem ständigen Personal beschäftigten Künstler und Angehörigen von verwandten Berufen, die in der Regel auf Grund von Honorarverträgen tätig werden und im Allgemeinen als freie Mitarbeiter bezeichnet werden, sind grundsätzlich nicht selbständig. Ausgenommen sind die folgenden Gruppen, aber nur, so weit sie für einzelne Produktionen tätig werden und die Tätigkeit nicht von vornherein auf Dauer angelegt ist (Negativkatalog):

Architekten
Arrangeure
Artisten (Sololeistung außerhalb eines Ensembles)
Autoren
Berichterstatter
Bildhauer
Bühnenbildner
Choreographen
Chorleiter (Gast oder Träger / Arbeitgeber des Chores)
Darsteller (Gast in einer Sendung mit Livecharakter)
Dirigenten (Gast oder Träger / Arbeitgeber des Klangkörpers)
Diskussionsleiter
Dolmetscher
Fachberater
Fotografen
Gesprächsteilnehmer

Grafiker
Interviewpartner
Journalisten
Kommentatoren
Komponisten
Korrespondenten
Kostümbildner
Kunstmaler
Lektoren
Moderatoren (wenn der eigenschöpferische Teil der Leistung überwiegt)
musikalische Leiter (Gast oder Träger/Arbeitgeber des Chores/Klangkörpers)
Quizmaster
Realisatoren (wenn der eigenschöpferische Teil der Leistung überwiegt)
Regisseure
Solisten Gesang, Musik, Tanz (Sololeistung außerhalb eines Ensembles)
Schriftsteller
Übersetzer

Bei mehreren zusammenhängenden Leistungsbereichen, von denen der eine als selbständig und der andere als nichtselbständig zu beurteilen ist, ist die gesamte Tätigkeit einheitlich als selbständige oder als nichtselbständige Tätigkeit zu behandeln, je nach dem, welche Tätigkeit überwiegt. Für die Frage des Überwiegens kann auch auf die Höhe des aufgeteilten Honorars abgestellt werden.
Mitarbeiter, die nicht einer im Negativkatalog aufgeführten Berufsgruppe angehören, können auf Grund besonderer Verhältnisse des Einzelfalls trotzdem selbständig sein. Das Wohnsitzfinanzamt erteilt dem Steuerpflichtigen nach eingehender Prüfung ggf. eine entsprechende Bescheinigung und stimmt sich dabei mit dem Betriebsstättenfinanzamt ab.

c) Tätigkeit bei Film- und Fernsehfilmproduzenten (Eigen- und Auftragsproduktion)
Filmautoren, Filmkomponisten und Fachberater sind im Allgemeinen nicht in den Organismus des Unternehmens eingegliedert, so dass ihre Tätigkeit in der Regel selbständig ist.
Schauspieler, Regisseure, Kameraleute, Regieassistenten und sonstige Mitarbeiter in der Film- und Fernsehfilmproduktion sind dagegen im Allgemeinen nichtselbständig (BFH-Urteil vom 06.10.1971 – BStBl 1972 II S. 88). Das gilt auch für Mitarbeiter bei der Herstellung von Werbefilmen. Synchronsprecher und Synchronregisseure sind normalerweise selbständig.

5.5.7.4 Regelungen des § 39 d EStG
Auch beschränkt steuerpflichtige Arbeitnehmer unterliegen der Erhebung der Lohnsteuer durch Abzug vom Arbeitslohn nach § 38 EStG. Die Lohnsteuer muss, wie bei jedem unbeschränkt steuerpflichtigen Arbeitnehmer auch, beim Betriebsstätten-

finanzamt angemeldet und vom Arbeitgeber abgeführt werden. Gemäß §39 d EStG wird hierbei die erste Tätigkeit eines beschränkt steuerpflichtigen Angestellten nach Lohnsteuerklasse I (0 Kinder) abgerechnet, weitere Tätigkeiten nach Lohnsteuerklasse VI. Freibeträge für Werbungskosten und für Sonderausgaben (sofern sie die Pauschbeträge übersteigen) kann der Arbeitnehmer auf einer Ersatzbescheinigung eintragen lassen, die vom Betriebsstättenfinanzamt ausgestellt wird. Filmgeschäftsführer, die einen besonders guten Service anbieten wollen, informieren die meist ahnungslosen Mitarbeiter über dieses Verfahren bzw. beantragen diese Ersatzlohnsteuerkarte im Auftrag des Arbeitnehmers. Wird die Möglichkeit der steuerfreien Abzüge aufgrund der »Bescheinigung für beschränkt einkommensteuerpflichtige Arbeitnehmer« nämlich nicht genutzt, gibt es später keine weitere Chance mehr, Werbungskosten geltend zu machen. Am Ende des Jahres bzw. der Tätigkeit des Arbeitnehmers im Inland, ist ihm eine entsprechende Steuerbescheinigung auszustellen.
So weit der Lohn aufgrund eines Doppelbesteuerungsabkommens (DBA) von der Besteuerung freizustellen ist, muss der Arbeitnehmer oder der Arbeitgeber beim zuständigen Betriebsstättenfinanzamt einen Freistellungsantrag stellen. Nur wenn dieser erteilt ist, darf eine Besteuerung unterbleiben.
Besonderheit: Wenn ein beschränkt steuerpflichtiger Arbeitnehmer keinen inländischen Arbeitgeber hat, so muss auch bei ihm, wenn er eine Tätigkeit im Inland ausübt, ausnahmsweise die Steuer nach § 50 a (4) EStG pauschal mit 25 % von allen Einnahmen erhoben werden.

5.5.7.5 Regelungen des § 50 a (4) EStG

Grundsätzlich müssen auch beschränkt steuerpflichtige selbständig tätige Mitarbeiter für in Deutschland erzielte Einkünfte eine Einkommensteuererklärung abgeben. Nur bei bestimmten Personengruppen bzw. Einkunftsarten wird die Einkommensteuer im Wege des Steuerabzugs erhoben. Diese Sonderfälle regelt § 50 a (4) EStG. Dem Steuerabzug, der durch den Auftraggeber (also Filmgeschäftsführer) vorzunehmen ist, unterliegen:

1. Einkünfte, die durch künstlerische, sportliche, artistische oder ähnliche Darbietungen im Inland oder durch deren Verwertung im Inland erzielt werden, einschließlich der Einkünfte aus anderen mit diesen Leistungen zusammenhängenden Leistungen, unabhängig davon, wem die Einnahmen zufließen (§ 49 (1) Nr. 2 Buchstabe d: Gewerbebetrieb).
2. Einkünfte aus der Ausübung oder Verwertung einer Tätigkeit als Künstler, Berufssportler, Schriftsteller, Journalist oder Bildberichterstatter einschließlich solcher Tätigkeiten für den Rundfunk oder Fernsehfunk (§ 49 (1) Nr. 2 bis 4: selbständige Tätigkeit).
3. Einkünfte, die aus Vergütungen für die Nutzung beweglicher Sachen oder für die Überlassung der Nutzung oder des Rechts auf Nutzung von Rechten, insbesondere von Urheberrechten und gewerblichen Schutzrechten, von gewerblichen, technischen, wissenschaftlichen und ähnlichen Erfahrungen, Kenntnissen und Fertigkeiten, z.B. Plänen, Mustern und Verfahren, herrühren (§ 49 (1) Nr. 2, 3, 6 und 9).

Der Steuerabzug beträgt in allen drei Fällen 25 % der Einnahmen (zuzüglich 5,5 % Solidaritätszuschlag). Dem Steuerabzug unterliegt der volle Betrag der Einnahmen, wobei Abzüge z.B. für Betriebsausgaben, Werbungskosten, Sonderausgaben oder Steuern nicht zulässig sind. Es wird nämlich unterstellt, dass die Aufwendungen pauschal 50 % der Einnahmen betragen; auf den verbleibenden Gewinn – die Hälfte der Einnahmen – wird dann ein Steuersatz von 50 % angewandt. Da dieser Steuerabzug von vielen Künstlern als zu hoch empfunden wurde und sie deshalb Deutschland bei ihren Tourneen mieden, gibt es seit 1997 ein neues Steuererstattungsverfahren (§ 50 (5) Nr. 3 EStG: »Michael-Jackson-Paragraph«). Wenn die Betriebsausgaben, die mit den Einnahmen zusammenhängen, höher sind als die Hälfte der Einnahmen, bekommt der Künstler auf Antrag einen Teil der einbehaltenen Steuern erstattet. Erstattet wird der Teil, der 50 % des tatsächlichen Gewinns (Einnahmen abzüglich Betriebsausgaben) übersteigt. Der Antrag auf Erstattung muss bis zum Ende des auf das Jahr des Einnahmenzuflusses folgenden Jahres beim Bundesamt für Finanzen gestellt werden. Dem Antrag muss eine Bescheinigung des Arbeitgebers beigefügt sein, aus der die Höhe der Abzugssteuer ersichtlich ist.

5.5.7.6 Doppelbesteuerungsabkommen

a) Vermeidung von Doppelbesteuerung

In der Regel verhindern bilaterale Doppelbesteuerungsabkommen, dass Mitarbeiter ihre in Deutschland erzielten Einnahmen doppelt, d.h. in Deutschland und dann noch einmal in ihrem Heimatland versteuern müssen. Zwei Verfahren finden dabei besonders häufig Anwendung:

<u>Freistellungsverfahren (in der Regel bei Künstlern):</u>

Eines der beiden Länder verzichtet auf die Besteuerung. Wird durch das DBA das Besteuerungsrecht dem anderen Staat zugesprochen, ist bis spätestens drei Monate vor der Tätigkeit im Inland die Freistellung vom Steuerabzug beim Bundesamt für Finanzen zu beantragen. Nur bei Vorlage dieser Freistellungserklärung darf der Arbeitgeber das Honorar in voller Höhe an den selbständigen Künstler auszahlen. Dennoch muss eine Kontrollmeldung an das zuständige Betriebsstättenfinanzamt erfolgen.

<u>Anrechnungsverfahren (in der Regel bei Lizenzen):</u>

Zwar erheben beide Länder Steuern, aber das Land mit der höheren Steuer rechnet den im anderen Land bezahlten Betrag an.

b) Künstlerbegriff bei Doppelbesteuerungsabkommen

Die DBA-Regelungen zwischen den meisten Ländern orientieren sich am OECD-Musterabkommen zur Vermeidung der Doppelbesteuerung auf dem Gebiet der Steuern vom Einkommen und vom Vermögen, in dem grundlegende Begriffsbestimmungen, Besteuerungen und Methoden zu Vermeidung der Doppelbesteuerung aufgeführt sind.

So fallen in diesem Abkommen (anders als im nationalen Steuerrecht) unter den Begriff »Künstler« nur Personen, die persönlich unmittelbar oder mittelbar (über Medien) im Inland darbietend auftreten.

6 Kostenrechnung

Eine Kostenrechnung wird benötigt, damit der Unternehmer/Produzent über den finanziellen Ablauf des Projekts informiert ist und entsprechende Entscheidungen treffen kann. Die Kostenrechnung setzt bereits vor Projektbeginn ein: Ideen werden entwickelt und anschließend folgen Vorbereitung und Planung. Wenn das Projekt eine greifbare Form angenommen hat, gibt es erstmals konkrete Zahlen, anhand derer die Sollkosten kalkuliert werden. Erst danach wird über die Realisierung des Projekts entschieden. Das Filmprojekt durchläuft nun folgende Stationen:

1. Konzept, Planung, Kalkulation
   - Idee
   - Drehbuch
   - Besetzung
   - Finanzierung
2. Produktion
   - Vorbereitung
   - Durchführung
   - Abwicklung
3. Verwertung / Vertrieb
   - Kino
   - TV
   - Video
   - DVD
   - Internet

Das vorrangige wirtschaftliche Ziel einer Filmproduktion ist es, Gewinne zu erzielen. Damit diese nicht unnötig geschmälert werden oder sogar ganz ausbleiben, ist es von entscheidender Bedeutung, dass wirtschaftlich und effizient gearbeitet wird. Die Kostenrechnung ist ein geeignetes Instrument, das zur Erreichung dieser Ziele eingesetzt werden kann.

Die Aufgaben der Kostenrechnung (in der Film- und Fernsehwirtschaft) sind:

1. Budget kalkulieren (Vorkalkulation)
   - für die einzelnen Projekte
   - für die internen Kosten / Overhead (mit diesem Begriff ist die allgemeine Verwaltung gemeint. Diese Aufwendungen sind in Kalkulationen üblicherweise unter »Handlungskosten« berücksichtigt bzw. unter der Abkürzung »HU«, die für den umgangssprachlichen Begriff »Handlungsunkosten« steht.)

2. Budget kontrollieren
   - für die laufenden Projekte (Zwischenkalkulation / Zwischenkostenstand)
   - nach Abschluss der Projekte (Nachkalkulation / Endkostenstand)
   - für die internen Kosten / Overhead
3. Betriebsergebnis ermitteln (Ergebnisrechnung)

Die kumulierten Werte der einzelnen Projekte, die sich aus der Finanzbuchhaltung ergeben, werden in der Kostenrechnung zu einem einzigen Ergebnis zusammengefasst.

Im Vergleich mit der Finanzbuchhaltung stellt sich die Kostenrechnung wie folgt dar:

	Das betriebliche Rechnungswesen	
	Externes Rechnungswesen = Finanzbuchhaltung (FiBu)	Internes Rechnungswesen = Kosten- und Leistungsrechnung (KLR)
Grundlagen	Gesetzliche Vorschriften: Handels- und Steuerrecht	Individuelle, betriebliche Anforderungen
Adressaten	Gesellschafter	Instrument der Unternehmensführung
Beteiligte	Gläubiger / Lieferanten	
	Arbeitnehmer, Staat	
Funktionen	Steuerbemessungsfunktion	Kontrollfunktion
	Informationsfunktion	Wirtschaftlichkeitsprüfungskontrolle
	Vermögens- und Erfolgs-ermittlungsfunktion	Dokumentationsfunktion
		Publikationsfunktion
		Planungsfunktion
		Kalkulationsfunktion
		Nebenrechnungen
Basisgrößen	Aufwand und Ertrag	Kosten und Leistungen

6.1 Grundlagen

Der Filmgeschäftsführer braucht bestimmte Informationen und Unterlagen, um die Filmkostenrechnung durchführen zu können:

- das Budget (ergibt sich aus der Kalkulation)
- das Kostenarten-Schema
- Informationen über mögliche Beistellungen durch Co-Produzenten, Sender oder Firmen. Von Beistellungen spricht man beispielsweise, wenn auftraggebende Sender Studiokapazitäten zur Verfügung stellen, so dass keine externen Studios angemietet werden müssen. Der eingesparte Betrag muss in der Kostenrechnung berücksichtigt werden.
- Informationen über Ländereffekte (Richtlinien der jeweiligen Filmförderungsanstalten)
- Vorkosten (im Budget enthalten oder extra ausgewiesen)
- Informationen über Skontovereinbarungen und Bonusabsprachen mit Lieferanten.

Manche Kopierwerke vergüten z.B. am Jahresende einen bestimmten (vom getätigten Umsatz abhängigen) Betrag.

6.2 Ist- und Plankostenrechnung

6.2.1 Plankostenrechnung

Aufgabe der Plankostenrechnung ist es, eine Vorkalkulation zu erstellen, auf deren Grundlage der Produzent einem möglichen Auftraggeber ein Angebot vorlegen kann.

6.2.2 Istkostenrechnung

Aufgabe der Istkostenrechnung ist es, während eines laufenden Projektes eine Nachkalkulation zu erstellen, damit eine Abweichung vom Budget frühzeitig festgestellt werden kann.

6.3 Voll- und Teilkostenrechnung

6.3.1 Vollkosten

Wie der Begriff schon sagt, werden bei der Vollkostenrechnung alle Kosten berücksichtigt (bezogen auf das gesamte Unternehmen). Fragestellungen, an deren Beantwortung der Filmgeschäftsführer mitwirkt, sind dabei u.a.:

- Wie hoch sind meine Gesamtkosten?
- Wie hoch ist mein Gesamtergebnis?
- Erwirtschafte ich Gewinn?
- Wie hoch ist der Anteil der Projekte an den Gemeinkosten?
- Was kosten mich die verschiedenen Abteilungen?

	Kalkulation der Vollkosten:
	Einzelkosten
+	Gemeinkosten
=	Selbstkosten
	Erlöse
-	Selbstkosten
=	Betriebsergebnis

6.3.2 Teilkosten

Auch dieser Begriff spricht für sich. Bei der Teilkostenrechnung wird nur ein Teil der Kosten berücksichtigt, nämlich diejenigen, die sich auf ein bestimmtes Projekt beziehen. Hier geht es um entscheidungsrelevante Kosten, die für die weitere Entwicklung des jeweiligen Projektes wichtig sind. Fragestellungen, die mit Hilfe des Filmgeschäftsführers beantwortet werden können, sind dabei u.a.:

- Was kostet mich ein einzelnes Projekt?
- Soll ein Projekt realisiert werden, auch wenn es keinen Gewinn erwirtschaftet?
- Wie hoch sind die Fixkosten?

	Teilkosten werden wie folgt kalkuliert:
	Erlöse
–	Variable Kosten
=	Deckungsbetrag (Beitrag des Projekts zur Deckung der Fixkosten)
	Deckungsbeitrag
–	Fixkosten
=	Betriebsergebnis

6.4 Fixkosten und Variable Kosten

Die Fixkosten des Unternehmens bleiben konstant, unabhängig von der Anzahl der Projekte, die durchgeführt werden. An wie vielen Projekten gleichzeitig gearbeitet werden kann, hängt von der Kapazität des Betriebes ab. Wird die Kapazität beispielsweise erhöht, weil sich die Auftragslage verbessert, steigen zu diesem Zeitpunkt auch die Fixkosten (man spricht in diesem Fall von sprungfixen Kosten).
Variable Kosten dagegen stehen in Abhängigkeit zu den einzelnen Projekten und verändern sich meist proportional zu diesen.

6.5 Gemein- und Einzelkosten

Ob von Einzel- oder Gemeinkosten gesprochen wird, hängt davon ab, ob diese Kosten nach dem Verursacherprinzip eindeutig einem Projekt zugerechnet werden können. Einzelkosten sind eindeutig einem Projekt zuzuordnen, während Gemeinkosten nicht eindeutig zugeordnet werden können. Falls man sie dennoch auf Projekte aufteilen will, kann dies über einen Verteilungsschlüssel geschehen.

	Gemeinkosten	Einzelkosten
Fixkosten	Gemeinkosten = Fixkosten Beispiele: Miete für Hauptgebäude Personalkosten Buchhaltung	Einzelkosten = Fixkosten Beispiel: Fest angestellter Produktionsleiter, dessen Tätigkeit sich immer nur auf ein bestimmtes Projekt bezieht
Variable Kosten	Gemeinkosten = Variable Kosten Beispiele: Strom, Telefon, Büromaterial	Einzelkosten = Variable Kosten Beispiel: Gagen für Produktionsstabmitglieder, die nur für ein bestimmtes Projekt beschäftigt werden

6.6 Kostenträger, Kostenstellen und Kostenarten

In der Kostenrechnung unterscheiden wir zwischen Kostenträgern, Kostenstellen und Kostenarten. Zu den Kostenträgern zählen die einzelnen Projekte. Im allgemeinen sind es Endprodukte (es können aber auch Kundenaufträge oder Baugruppen sein), auf die die Kosten verrechnet werden. Durch die Erlöse der Kostenträger müssen nicht nur die projekteigenen Kosten gedeckt werden, sondern zusätzlich auch die Gemeinkosten, die bei den einzelnen Kostenstellen entstehen.
Diese Kostenstellen sind Organisationseinheiten, bei denen Gemeinkosten anfallen, wie z.B. das Sekretariat des Unternehmens, dessen Aktivitäten nicht eindeutig einzelnen Projekten zugeordnet werden können. Kostenstellen können auch Verantwortungsbereiche sein.
Kostenarten bieten die Möglichkeit, die Kosten zu gliedern. Mit dieser Unterteilung wird eine übersichtliche Struktur in der Betriebsbuchhaltung ermöglicht und es wird eine Gliederung und Zuordnung der verursachten und erfassten Kosten gebildet. Die Struktur wird den Bedürfnissen des einzelnen Betriebs, bzw. den betrieblichen Erfordernissen und dem Informationsbedürfnis angepasst.

6.6.1 Kostenträgerrechnung

Die Kostenträgerrechnung bei Film- und Fernsehproduktionen besteht im wesentlichen aus der Kalkulation der einzelnen Projekte, die in der Systematik einer Zuschlagskalkulation durchgeführt wird.
Das Verfahren der Zuschlagskalkulation lehnt sich eng an das jeweilige Produktionsverfahren an, das in jedem Unternehmen anders organisiert sein kann, da in verschiedenen Unternehmen auch verschiedenartige Produkte hergestellt werden.
Der erste Schritt besteht aus der Ermittlung der Selbstkosten. Aufgrund dieser Daten folgt dann die Ermittlung des Angebotspreises.
Die Gemeinkosten werden zur Weiterverrechnung auf Kostenträger nach dem Prinzip der Proportionalität zur Basisgröße aufgeteilt:

	Materialeinzelkosten	
+	Materialgemeinkosten	
	proportional zu Materialeinzelkosten	= Materialkosten
	Fertigungskosten	
+	Fertigungsgemeinkosten	
	proportional zu Fertigungseinzelkosten	
+	Sondereinzelkosten der Fertigung	= Fertigungskosten
		= Herstellungskosten
+	Verwaltungsgemeinkosten	
	proportional zu Herstellungskosten	
+	Vertriebsgemeinkosten	
	proportional zu Herstellungskosten	
+	Sondereinzelkosten des Vertriebs	
		= Selbstkosten

(Fortsetzung der Tabelle von Seite 103)

	= Selbstkosten
+ Gewinn	
	= Barverkaufspreis
+ Skonto	
+ Rabatt	
+ Provision	
	= Nettoverkaufspreis

Stellt man dieses allgemeine Schema der Zuschlagskalkulation der Filmkalkulation (z.B. nach FFA-Schema) gegenüber, erhält man folgende Entsprechungen:

Zuschlagskalkulation	FFA-Kalkulation
Materialeinzelkosten	Materialeinzelkosten
+ Materialgemeinkosten	
prop. zu Materialeinzelkosten	
= Materialkosten	= Materialkosten
Fertigungskosten	Fertigungskosten
+ Fertigungsgemeinkosten	
prop. zu Fertigungseinzelkosten	
+ Sondereinzelkosten der Fertigung	+ Sondereinzelkosten der Fertigung
= Fertigungskosten	= Fertigungskosten
= Herstellungskosten	= Herstellungskosten
+ Verwaltungsgemeinkosten	+ … % Handlungskosten (HU)
prop. zu Herstellungskosten	
+ Vertriebsgemeinkosten	
prop. zu Herstellungskosten	
+ Sondereinzelkosten des Vertriebs	+ Sondereinzelkosten des Vertriebs
= Selbstkosten	= Selbstkosten
+ Gewinn	+ … % Gewinn
= Barverkaufspreis	
+ Skonto	
+ Rabatt	
+ Provision	
= Nettoverkaufspreis	

6.6.2 Kostenstellenrechnung

Die Aufgaben der Kostenstellenrechnung sind:

- Verteilung der Gemeinkosten auf Kostenstellen nach dem Verursacherprinzip oder nach vorher festgelegtem Schlüssel
- Kostenkontrolle in den einzelnen Kostenstellen

Dabei stellt sich zunächst die Frage, wie die Kostenstellen strukturiert sein müssen, damit sie diesen Zielsetzungen am besten gerecht werden können (siehe 6.6.2.1). Sind

die Kostenstellen dann organisiert, müssen realitätsnahe Schlüssel ausgearbeitet werden, nach denen die Verteilung der primären Gemeinkosten auf die Kostenstellen stattfindet. Die primären Gemeinkosten sind die, die unmittelbar bei ihrer Entstehung bzw. bei der Bearbeitung der entsprechenden Rechnungen der zutreffenden Hauptkostenstelle zugebucht werden.
Im nächsten Schritt erfolgt die Verteilung der sekundären Gemeinkosten auf die Kostenstellen. Die sekundären Gemeinkosten sind die Gemeinkosten, die zunächst aufgrund der nicht eindeutigen Zuordnungsmöglichkeit auf Hilfskostenstellen gebucht und erst später bei der innerbetrieblichen Leistungsverrechnung den Hauptkostenstellen zugebucht werden. Hierbei wird die Verteilung nach dem Verursacherprinzip oder nach einem vorher festgelegtem Schlüssel durchgeführt.
Beispielsweise könnten in einem Filmproduktionsunternehmen die Hauptkostenstellen »Geschäftsführung« und »Buchhaltung« existieren. Außerdem könnte es u.a. eine Hilfskostenstelle »Stromkosten« geben, auf die die Beträge aller eingehenden Stromrechnungen gebucht werden. Andere Rechnungen, die nach dem Verursacherprinzip eindeutig der Geschäftsführung bzw. der Buchhaltung zugeordnet werden können, werden direkt auf die jeweiligen Hauptkostenstellen gebucht. In bestimmten zeitlichen Abständen findet nun die innerbetriebliche Leistungsverrechnung statt, bei der die Hilfskostenstellen »aufgelöst« und – um bei dem Beispiel zu bleiben – die Stromkosten nach einem vorher festgelegten Schlüssel auf die Hauptkostenstellen verteilt werden.
Im letzten Schritt geht es um die Frage, wie die nun auf den Hauptkostenstellen verbuchten Beträge in einen Zusammenhang mit den einzelnen Projekten gebracht werden können. Um darstellen zu können, welchen Gemeinkosten-Anteil die einzelnen Projekte verursacht haben, legt man die Hauptkostenstellen-Summen nach einem Schlüssel auf die Kostenträger (also auf die einzelnen Projekte) um.

6.6.2.1 Kostenstellenplan

Die Gliederung der Kostenstellen erfordert eine gute Übersichtlichkeit, eine praktikable und an die Informationsbedürfnisse des Unternehmens angepasste Aufteilung. Kriterien für eine Einordnung könnten räumlich oder funktional abgegrenzte Bereiche dienen. Zu den räumlich abgegrenzten Bereichen zählen die Niederlassungen, die jeweils eine eigene Kostenstelle darstellen können. Funktional abgegrenzte Bereiche wären die verschiedenen Abteilungen wie Buchhaltung oder Sekretariat.
Nimmt man als Kriterium die Funktion, sind folgende Gemeinkosten zu unterscheiden:
<u>Material-Gemeinkosten:</u> Die Kosten des eingesetzten Materials, z.B. wenn die Firma in größeren Mengen Filmmaterial einkauft, das dann für mehrere Projekte verwendet wird (Haupt- oder Hilfskostenstelle).
<u>Fertigungs-Gemeinkosten:</u> Die Kosten der Produktion z.B. die Schnittarbeiten am eigenen Schneidetisch, der für mehrere Projekte eingesetzt wird (Haupt- oder Hilfskostenstelle)
<u>Verwaltungs-Gemeinkosten:</u> Die Kosten der Steuerung des Unternehmens, dazu ge-

hören u.a. die Buchhaltung, das Büromanagement und die Herstellungsleitung (Hauptkostenstelle).
<u>Vertriebs-Gemeinkosten:</u> Die Kosten für den Absatz beinhalten z.B. die Kosten für die allgemeine Marketing- und Werbeabteilung des Unternehmens (Hauptkostenstelle).
Entwicklungs-Gemeinkosten: Kosten der Entwicklung, z.B. für die Abteilung Stoffentwicklung, deren Aufgaben sich nicht nur auf die realisierten Projekte beziehen (Hauptkostenstelle)
<u>Allgemeine Gemeinkosten:</u> Die Kosten für Leistungen in den übrigen Kostenstellen wie Geschäftsführung, Hausmeister, Fuhrpark usw. (Hilfskostenstelle).

6.6.3 Kostenartenrechnung

Für die Art und Weise, wie die Gliederung der Kosten in Kostenarten vorgenommen werden soll, ist die Zweckmäßigkeit gemäß den betrieblichen Anforderungen das entscheidende Kriterium. Alle Kosten müssen aber vollständig erfasst, eindeutig gegliedert und ausgewiesen werden.
Für die Gliederung der Kosten kommen folgende verschiedene Systematiken in Frage:

- Gliederung nach Grundkosten und kalkulatorischen Kosten (letztere müssen der Kostenrechnung gesondert zugeführt werden, da sie nicht aufgrund einer FIBU-Bewegung automatisch verbucht werden. Zu den kalkulatorischen Kosten zählen u.a. Risiken, die in der Kostenrechnung und bei Planungen berücksichtigt werden, obwohl keine entsprechenden realen Aufwendungen vorliegen).
- Gliederung nach Verhalten der Kosten bei Veränderung der Auftragslage, also die Unterscheidung zwischen fixen und variablen Kosten.
- Gliederung nach Form der Zurechenbarkeit zu Kostenträgern bzw. Kostenstellen, also die Unterscheidung zwischen Einzel- und Gemeinkosten.
- Gliederung der Kosten nach Aufwandsarten.
- Gliederung der Kosten nach verwendetem Kalkulationsschema.

Das Ziel der Kostenrechnung bestimmt die Auswahl des Gliederungskriteriums. Hat man sich für eine Systematik entschieden, muss ein Kostenartenplan erstellt werden.
Bei Film- und Fernsehproduktionen wird die Kostenartenrechnung grundsätzlich an das verwendete Kalkulationsschema angepasst. Auf diese Weise kann die Kostenartenrechnung der Anforderung genügen, Ist- und Sollkostenstand schnell, problemlos vergleichbar und darstellbar zu machen.
Prinzipiell gilt, dass jede Buchung nur einmal eingegeben und verarbeitet werden sollte, also muss die Buchung für die Kostenrechnung automatisch erzeugt werden, wenn sie in der Finanzbuchhaltung stattfindet. Auf diese Weise wird die Effizienz gesteigert.
Bei der Auswahl seiner Software sollte der Filmgeschäftsführer auf derartige Features achten.
Die Gliederung nach Kostenarten kann so aussehen (angelehnt an das Kalkulationsschema der Filmförderungsanstalt):

Kostenarten-Nr.	Bezeichnung	Gruppen-Nr.	Gruppenbezeichnung
100	Vorkosten	1	Rechte und Vorkosten
101	Chefredakteur	1	Rechte und Vorkosten
102	Redakteur	1	Rechte und Vorkosten
103	Redakteur	1	Rechte und Vorkosten
104	Redaktionsassistent	1	Rechte und Vorkosten
105	Redaktionsassistent	1	Rechte und Vorkosten
106	Redaktionssekretariat	1	Rechte und Vorkosten
107	Fachliteratur	1	Rechte und Vorkosten
200	Verfilmungsrechte	1	Rechte und Vorkosten
300	Treatment / Lizenzen	1	Rechte und Vorkosten
400	Drehbuch / Autor	1	Rechte und Vorkosten
500	Synchronbuch	1	Rechte und Vorkosten
600	Archivrechte	1	Rechte und Vorkosten
700	Musikrechte	1	Rechte und Vorkosten
800	Textrechte	1	Rechte und Vorkosten
900	Komponist	1	Rechte und Vorkosten
1000	GEMA-Gebühren	1	Rechte und Vorkosten
1100	Moderator	1	Rechte und Vorkosten
1200	Produzent	2	Produktionsstab
1300	Herstellungsleiter	2	Produktionsstab
1400	Produktionsleiter	2	Produktionsstab
1401	Produktionsleiter a cto. Gage	2	Produktionsstab
1402	Produktionsleiter V-Geld	2	Produktionsstab
1500	Produktionsassistent	2	Produktionsstab
1501	Produktionsassistent a cto. Gage	2	Produktionsstab
1502	Produktionsassistent V-Geld	2	Produktionsstab
1600	1. Aufnahmeleiter	2	Produktionsstab
1601	1. Aufnahmeleiter a cto. Gage	2	Produktionsstab
1602	1. Aufnahmeleiter V-Geld	2	Produktionsstab
1700	2. Aufnahmeleiter	2	Produktionsstab
1701	2. Aufnahmeleiter a cto. Gage	2	Produktionsstab
1702	2. Aufnahmeleiter V-Geld	2	Produktionsstab
1800	3. Aufnahmeleiter	2	Produktionsstab
1801	3. Aufnahmeleiter a cto. Gage	2	Produktionsstab
1802	3. Aufnahmeleiter V-Geld	2	Produktionsstab
1850	Location-Manager	2	Produktionsstab
1851	Location-Manager a cto. Gage	2	Produktionsstab
1852	Location-Manager V-Geld	2	Produktionsstab
1900	Aufnahmeleiter Synchron	2	Produktionsstab
1901	Aufnahmeleiter Synchron a cto. Gage	2	Produktionsstab

1902	Aufnahmeleiter Synchron V-Geld	2	Produktionsstab
2000	Produktionssekretärin	2	Produktionsstab
2001	Produktionssekretärin a cto. Gage	2	Produktionsstab
2002	Produktionssekretärin V-Geld	2	Produktionsstab
2100	Produktionssekretärin	2	Produktionsstab
2101	Produktionssekretärin a cto. Gage	2	Produktionsstab
2102	Produktionssekretärin V-Geld	2	Produktionsstab
2200	Kassierer	2	Produktionsstab
2201	Kassierer a cto. Gage	2	Produktionsstab
2202	Kassierer V-Geld	2	Produktionsstab
2300	Filmgeschäftsführer	2	Produktionsstab
2301	Filmgeschäftsführer a cto. Gage	2	Produktionsstab
2302	Filmgeschäftsführer V-Geld	2	Produktionsstab
2400	Buchhaltung	2	Produktionsstab
2500	Filmgeschäftsführer-Assistent	2	Produktionsstab
2600	Regisseur	3	Regiestab
2601	Regisseur a cto. Gage	3	Regiestab
2602	Regisseur V-Geld	3	Regiestab
2700	Regie-Assistent	3	Regiestab
2701	Regie-Assistent a cto. Gage	3	Regiestab
2702	Regie-Assistent V-Geld	3	Regiestab
2800	Regie-Assistent (Coach)	3	Regiestab
2801	Regie-Assistent (Coach) a cto. Gage	3	Regiestab
2802	Regie-Assistent (Coach) V-Geld	3	Regiestab
2900	Dialog-Regie (Synchron)	3	Regiestab
2901	Dialog-Regie (Synchron) a cto. Gage	3	Regiestab
2902	Dialog-Regie (Synchron) V-Geld	3	Regiestab
3000	1. Kameramann	3	Regiestab
3001	1. Kameramann a cto. Gage	3	Regiestab
3002	1. Kameramann V-Geld	3	Regiestab
3100	1. Kamera-Assistent	3	Regiestab
3101	1. Kamera-Assistent a cto. Gage	3	Regiestab
3102	1. Kamera-Assistent V-Geld	3	Regiestab
3200	2. Kamera-Assistent	3	Regiestab
3201	2. Kamera-Assistent a cto. Gage	3	Regiestab
3202	2. Kamera-Assistent V-Geld	3	Regiestab
3300	Material-Assistent	3	Regiestab
3301	Material-Assistent a cto. Gage	3	Regiestab
3302	Material-Assistent V-Geld	3	Regiestab
3400	2. Kameramann	3	Regiestab
3401	2. Kameramann a cto. Gage	3	Regiestab
3402	2. Kameramann V-Geld	3	Regiestab

3500	2. Kamera-Assistent	3	Regiestab
3501	2. Kamera-Assistent a cto. Gage	3	Regiestab
3502	2. Kamera-Assistent V-Geld	3	Regiestab
3510	Bildmischer	3	Regiestab
3511	Bildmischer a cto. Gage	3	Regiestab
3512	Bildmischer V-Geld	3	Regiestab
3530	EB-Kameramann	3	Regiestab
3531	EB-Kameramann a cto. Gage	3	Regiestab
3532	EB-Kameramann V-Geld	3	Regiestab
3560	EB-Kamera-Assistent	3	Regiestab
3561	EB-Kamera-Assistent a cto. Gage	3	Regiestab
3562	EB-Kamera-Assistent V-Geld	3	Regiestab
3600	Tonmeister	3	Regiestab
3601	Tonmeister a cto. Gage	3	Regiestab
3602	Tonmeister V-Geld	3	Regiestab
3700	Tonassistent	3	Regiestab
3701	Tonassistent a cto. Gage	3	Regiestab
3702	Tonassistent V-Geld	3	Regiestab
3720	Tontechniker	3	Regiestab
3721	Tontechniker a cto. Gage	3	Regiestab
3722	Tontechniker V-Geld	3	Regiestab
3740	MAZ-Techniker	3	Regiestab
3741	MAZ-Techniker a cto. Gage	3	Regiestab
3742	MAZ-Techniker V-Geld	3	Regiestab
3760	Kabelhilfe	3	Regiestab
3800	Cutter	3	Regiestab
3801	Cutter a cto. Gage	3	Regiestab
3802	Cutter V-Geld	3	Regiestab
3900	1. Cutter-Assistent	3	Regiestab
3901	1. Cutter-Assistent a cto. Gage	3	Regiestab
3902	1. Cutter-Assistent V-Geld	3	Regiestab
4000	2. Cutter-Assistent	3	Regiestab
4001	2. Cutter-Assistent a cto. Gage	3	Regiestab
4002	2. Cutter-Assistent V-Geld	3	Regiestab
4010	Toncutter	3	Regiestab
4011	Toncutter a cto. Gage	3	Regiestab
4012	Toncutter V-Geld	3	Regiestab
4020	Toncutter-Assistent	3	Regiestab
4021	Toncutter-Assistent a cto. Gage	3	Regiestab
4022	Toncutter-Assistent V-Geld	3	Regiestab
4100	Synchroncutter	3	Regiestab
4101	Synchroncutter a cto. Gage	3	Regiestab
4102	Synchroncutter V-Geld	3	Regiestab

4200	Synchroncutter-Assistent	3	Regiestab
4201	Synchroncutter-Assistent a cto. Gage	3	Regiestab
4202	Synchroncutter-Assistent V-Geld	3	Regiestab
4300	Standfotograf	3	Regiestab
4301	Standfotograf a cto. Gage	3	Regiestab
4302	Standfotograf V-Geld	3	Regiestab
4400	Script	3	Regiestab
4401	Script a cto. Gage	3	Regiestab
4402	Script V-Geld	3	Regiestab
4500	Fachmännischer Beirat	3	Regiestab
4501	Fachmännischer Beirat a cto. Gage	3	Regiestab
4502	Fachmännischer Beirat V-Geld	3	Regiestab
4600	Architekt	4	Ausstattungsstab
4601	Architekt a cto. Gage	4	Ausstattungsstab
4602	Architekt V-Geld	4	Ausstattungsstab
4700	2. Architekt	4	Ausstattungsstab
4701	2. Architekt a cto. Gage	4	Ausstattungsstab
4702	2. Architekt V-Geld	4	Ausstattungsstab
4800	Ausstatter	4	Ausstattungsstab
4801	Ausstatter a cto. Gage	4	Ausstattungsstab
4802	Ausstatter V-Geld	4	Ausstattungsstab
4900	Kunstmaler	4	Ausstattungsstab
4901	Kunstmaler a cto. Gage	4	Ausstattungsstab
4902	Kunstmaler V-Geld	4	Ausstattungsstab
5000	Bildhauer	4	Ausstattungsstab
5001	Bildhauer a cto. Gage	4	Ausstattungsstab
5002	Bildhauer V-Geld	4	Ausstattungsstab
5100	1. Außenrequisiteur	4	Ausstattungsstab
5101	1. Außenrequisiteur a cto. Gage	4	Ausstattungsstab
5102	1. Außenrequisiteur V-Geld	4	Ausstattungsstab
5200	2. Außenrequisiteur	4	Ausstattungsstab
5201	2. Außenrequisiteur a cto. Gage	4	Ausstattungsstab
5202	2. Außenrequisiteur V-Geld	4	Ausstattungsstab
5300	1. Innenrequisiteur	4	Ausstattungsstab
5301	1. Innenrequisiteur a cto. Gage	4	Ausstattungsstab
5302	1. Innenrequisiteur V-Geld	4	Ausstattungsstab
5400	2. Innenrequisiteur	4	Ausstattungsstab
5401	2. Innenrequisiteur a cto. Gage	4	Ausstattungsstab
5402	2. Innenrequisiteur V-Geld	4	Ausstattungsstab
5500	Requisitenhilfe	4	Ausstattungsstab
5501	Requisitenhilfe a cto. Gage	4	Ausstattungsstab
5502	Requisitenhilfe V-Geld	4	Ausstattungsstab

5600	Kostümbildner	4	Ausstattungsstab
5601	Kostümbildner a cto. Gage	4	Ausstattungsstab
5602	Kostümbildner V-Geld	4	Ausstattungsstab
5700	Kostümbildner-Assistent	4	Ausstattungsstab
5701	Kostümbildner-Assistent a cto. Gage	4	Ausstattungsstab
5702	Kostümbildner-Assistent V-Geld	4	Ausstattungsstab
5800	1. Garderobier	4	Ausstattungsstab
5801	1. Garderobier a cto. Gage	4	Ausstattungsstab
5802	1. Garderobier V-Geld	4	Ausstattungsstab
5900	2. Garderobier	4	Ausstattungsstab
5901	2. Garderobier a cto. Gage	4	Ausstattungsstab
5902	2. Garderobier V-Geld	4	Ausstattungsstab
6000	1. Garderobiere	4	Ausstattungsstab
6001	1. Garderobiere a cto. Gage	4	Ausstattungsstab
6002	1. Garderobiere V-Geld	4	Ausstattungsstab
6100	2. Garderobiere	4	Ausstattungsstab
6101	2. Garderobiere a cto. Gage	4	Ausstattungsstab
6102	2. Garderobiere V-Geld	4	Ausstattungsstab
6200	Garderoben-Aushilfe	4	Ausstattungsstab
6210	Schneider	4	Ausstattungsstab
6300	1. Herren-Maskenbildner	4	Ausstattungsstab
6301	1. Herren-Maskenbildner a cto. Gage	4	Ausstattungsstab
6302	1. Herren-Maskenbildner V-Geld	4	Ausstattungsstab
6400	2. Herren-Maskenbildner	4	Ausstattungsstab
6401	2. Herren-Maskenbildner a cto. Gage	4	Ausstattungsstab
6402	2. Herren-Maskenbildner V-Geld	4	Ausstattungsstab
6500	1. Damen-Maskenbildner	4	Ausstattungsstab
6501	1. Damen-Maskenbildner a cto. Gage	4	Ausstattungsstab
6502	1. Damen-Maskenbildner V-Geld	4	Ausstattungsstab
6600	2. Damen-Maskenbildner	4	Ausstattungsstab
6601	2. Damen-Maskenbildner a cto. Gage	4	Ausstattungsstab
6602	2. Damen-Maskenbildner V-Geld	4	Ausstattungsstab
6700	Maskenbildner-Aushilfe	4	Ausstattungsstab
7100	Oberbeleuchter	5	sonstiger Stab
7101	Oberbeleuchter a cto. Gage	5	sonstiger Stab
7102	Oberbeleuchter V-Geld	5	sonstiger Stab
7200	1. Beleuchter	5	sonstiger Stab
7201	1. Beleuchter a cto. Gage	5	sonstiger Stab
7202	1. Beleuchter V-Geld	5	sonstiger Stab
7300	2. Beleuchter	5	sonstiger Stab
7301	2. Beleuchter a cto. Gage	5	sonstiger Stab
7302	2. Beleuchter V-Geld	5	sonstiger Stab

7400	3. Beleuchter	5	sonstiger Stab
7401	3. Beleuchter a cto. Gage	5	sonstiger Stab
7402	3. Beleuchter V-Geld	5	sonstiger Stab
7500	Aggregatfahrer	5	sonstiger Stab
7600	Drehbühnenmeister	5	sonstiger Stab
7601	Drehbühnenmeister a cto. Gage	5	sonstiger Stab
7602	Drehbühnenmeister V-Geld	5	sonstiger Stab
7700	1. Drehbühnenmann	5	sonstiger Stab
7800	2. Drehbühnenmann	5	sonstiger Stab
7900	3. Drehbühnenmann	5	sonstiger Stab
8000	Baubühnenmeister	5	sonstiger Stab
8001	Baubühnenmeister a cto. Gage	5	sonstiger Stab
8002	Baubühnenmeister V-Geld	5	sonstiger Stab
8100	1. Baubühnenmann	5	sonstiger Stab
8200	2. Baubühnenmann	5	sonstiger Stab
8300	3. Baubühnenmann	5	sonstiger Stab
8400	4. Baubühnenmann	5	sonstiger Stab
8500	1. Produktionsfahrer	5	sonstiger Stab
8501	1. Produktionsfahrer a cto. Gage	5	sonstiger Stab
8502	1. Produktionsfahrer V-Geld	5	sonstiger Stab
8600	2. Produktionsfahrer	5	sonstiger Stab
8601	2. Produktionsfahrer a cto. Gage	5	sonstiger Stab
8602	2. Produktionsfahrer V-Geld	5	sonstiger Stab
8700	3. Produktionsfahrer	5	sonstiger Stab
8701	3. Produktionsfahrer a cto. Gage	5	sonstiger Stab
8702	3. Produktionsfahrer V-Geld	5	sonstiger Stab
8710	Wohnmobilfahrer	5	sonstiger Stab
8800	Wachmann / Sanitäter	5	sonstiger Stab
8900	Geräuschemacher	5	sonstiger Stab
9000	1. Pyrotechniker, SFX	5	sonstiger Stab
9100	2. Pyrotechniker, SFX	5	sonstiger Stab
9200	Sonstige Hilfskräfte	5	sonstiger Stab
9210	Absperrhilfen	5	sonstiger Stab
9220	Publikumsbetreuung	5	sonstiger Stab
9230	Publikumsbeschaffung	5	sonstiger Stab
9240	Spieleoperator	5	sonstiger Stab
9250	Juroren	5	sonstiger Stab
9260	Castinghilfen	5	sonstiger Stab
9270	Aushilfen	5	sonstiger Stab
9300	Aufzeichnungspersonal	5	sonstiger Stab
9400	Kabelhilfen	5	sonstiger Stab
9500	Parkplatzservice	5	sonstiger Stab

9600	Hauptdarsteller	6	Darsteller
9601	Hauptdarsteller a cto. Gage	6	Darsteller
9700	Kleine Rollen	6	Darsteller
9800	Komparsen	6	Darsteller
9810	Komparsen / Besetzung + Vermittlung	6	Darsteller
9900	Artisten / Stuntmen / Double	6	Darsteller
9901	Artisten/ Stuntmen/ Double a cto. Gage	6	Darsteller
9910	Kinderbetreuung	6	Darsteller
10000	Choreograph	6	Darsteller
10100	Ballett	6	Darsteller
10200	Synchronsprecher	6	Darsteller
10300	Kommentarsprecher	6	Darsteller
10400	Casting	6	Darsteller
10450	Reporter / Interviewer	6	Darsteller
10500	Musiker im Bild	7	Musiker
10600	Musiker im Aufnahmestudio	7	Musiker
10700	Dirigent	7	Musiker
10800	Sänger u. Chor	7	Musiker
10900	Instrumentenmiete und Transport	7	Musiker
11000	Notenschreibarbeiten	7	Musiker
11200	Samstags- / Sonntags- / Nachtarbeit	8	Zusatzkosten Gage
11300	Überstunden	8	Zusatzkosten Gage
11400	Urlaubsabgeltung	8	Zusatzkosten Gage
11500	Zusatzverpflegung	8	Zusatzkosten Gage
11600	Berufsgenossenschaft	8	Zusatzkosten Gage
11700	Sozialversicherung Arbeitgeberanteil	8	Zusatzkosten Gage
11800	Künstlersozialversicherung	8	Zusatzkosten Gage
11900	Abschlussfeste / Sonstiges	8	Zusatzkosten Gage
12000	Hallenmiete	9	Atelier – Bau
12100	Hallenmiete	9	Atelier – Bau
12200	Miete Vorbauhalle	9	Atelier – Bau
12300	Miete Nebenräume	9	Atelier – Bau
12400	Heizung	9	Atelier – Bau
12500	Reinigung	9	Atelier – Bau
12600	Feuerwehr	9	Atelier – Bau
12700	Telefonkosten	9	Atelier – Bau
12800	Löhne Baubühne	9	Atelier – Bau
12900	Material für Bau (Kauf)	9	Atelier – Bau
13000	Baufundus (Miete)	9	Atelier – Bau
13100	Geräte und Maschinen	9	Atelier – Bau

13200	Stromkosten	9	Atelier – Bau
13300	An- und Abtransporte	9	Atelier – Bau
13600	Löhne Baubühne	10	Außenbau / Atelier
13700	Material für Bau (Kauf)	10	Außenbau / Atelier
13800	Baufundus (Miete)	10	Außenbau / Atelier
13900	Geräte und Maschinen	10	Außenbau / Atelier
14000	Lastentransporte	10	Außenbau / Atelier
14100	Personentransporte	10	Außenbau / Atelier
14200	Tage- und Übernachtungsgelder	10	Außenbau / Atelier
14500	Hallenmiete	11	Atelier Dreh
14600	Hallenmiete	11	Atelier Dreh
14700	Miete für Nebenräume	11	Atelier Dreh
14800	Heizung	11	Atelier Dreh
14900	Reinigung	11	Atelier Dreh
15000	Feuerwehr	11	Atelier Dreh
15100	Telefon	11	Atelier Dreh
15200	Löhne Beleuchter	11	Atelier Dreh
15300	Löhne Drehbühne	11	Atelier Dreh
15400	Beleuchtungsgeräte	11	Atelier Dreh
15500	Beleuchtung / Verbrauch, Schaden	11	Atelier Dreh
15600	Bühnengeräte und Material	11	Atelier Dreh
15700	Kran, Elemack, Dolly etc.	11	Atelier Dreh
15800	Stromkosten	11	Atelier Dreh
15900	Transportfahrzeuge	11	Atelier Dreh
16000	Aufpro-, Rückpro-Anlage	11	Atelier Dreh
16100	Blue-Screen-Anlage	11	Atelier Dreh
16400	Hallenmiete	12	Abbau / Atelier / Außen
16500	Löhne Abbau	12	Abbau / Atelier / Außen
16600	Geräte und Maschinen	12	Abbau / Atelier / Außen
16700	Reinigung, Müllabfuhr	12	Abbau / Atelier / Außen
16800	Lastentransporte	12	Abbau / Atelier / Außen
16900	Personentransporte	12	Abbau / Atelier / Außen
17100	Drehgenehmigungen Grundstücke / Gebäude	13	Genehmigungen / Miete
17200	Drehgenehmigungen Schiffe / Flugzeuge / Eisenbahnen	13	Genehmigungen / Miete
17300	Motivnebenkosten / Schilder / Absperrungen	13	Genehmigungen / Miete
17350	Motivsuche	13	Genehmigungen / Miete

17400	Polizei- und Feuerwehreinsätze	13	Genehmigungen / Miete
17500	Mieten Büroräume inkl. Nebenkosten	13	Genehmigungen / Miete
17600	Mieten für sonstige Räume	13	Genehmigungen / Miete
17700	Telefon / Fax	13	Genehmigungen / Miete
17800	Sonstige Kosten	13	Genehmigungen / Miete
17900	Sonstige Kosten	13	Genehmigungen / Miete
18000	Material für Bau (Kauf)	14	Bau und Ausstattung
18100	Baufundus (Miete)	14	Bau und Ausstattung
18200	Geräte und Maschinen	14	Bau und Ausstattung
18300	An- und Abtransport	14	Bau und Ausstattung
18400	Sonstige Baukosten	14	Bau und Ausstattung
18500	Reinigung und Müllabfuhr	14	Bau und Ausstattung
18600	Kostüm (Kauf)	14	Bau und Ausstattung
18700	Kostüm (Miete)	14	Bau und Ausstattung
18800	Kostümtransporte	14	Bau und Ausstattung
18900	Schminkmaterial / Haartoupet (Kauf)	14	Bau und Ausstattung
19000	Schminkmaterial / Haartoupet (Miete)	14	Bau und Ausstattung
19100	Requisiten (Kauf)	14	Bau und Ausstattung
19200	Requisiten (Miete)	14	Bau und Ausstattung
19210	Requisiten (Verbrauch) Farben etc.	14	Bau und Ausstattung
19300	Requisitentransporte	14	Bau und Ausstattung
19400	Fahrzeuge im Bild	14	Bau und Ausstattung
19500	Großrequisiten	14	Bau und Ausstattung
19600	Tiere und Nebenkosten / Betreuung / Dressur	14	Bau und Ausstattung
19700	Gärtnerarbeiten	14	Bau und Ausstattung
19800	Pyrotechnik-Material / Waffen und Personal	14	Bau und Ausstattung
19900	Spezialeffekte Material und Personal	14	Bau und Ausstattung
20000	Modellbau	14	Bau und Ausstattung
20100	Grafik / Storyboard	14	Bau und Ausstattung
20200	Ausstattung Verbrauch	14	Bau und Ausstattung
20400	Material für Casting	14	Bau und Ausstattung
20500	Kamera	15	Technische Ausrüstung
20510	Ü-Wagen	15	Technische Ausrüstung
20511	Zusätzliche Videotechnik	15	Technische Ausrüstung
20600	Kamerazubehör und Verbrauch	15	Technische Ausrüstung
20700	Zusätzliche Kameraausrüstung	15	Technische Ausrüstung
20800	Hubschrauber / Tieflader	15	Technische Ausrüstung
20900	Tonapparatur	15	Technische Ausrüstung
20910	Beschallungstechnik	15	Technische Ausrüstung

21000	Tonzubehör und Verbrauch	15	Technische Ausrüstung
21100	Playback-Anlage	15	Technische Ausrüstung
21200	Sprechfunkgeräte etc.	15	Technische Ausrüstung
21300	Beleuchtungsgeräte	15	Technische Ausrüstung
21400	Beleuchtung Verbrauch / Schaden	15	Technische Ausrüstung
21500	Bühnengeräte / Hubsteiger / Arbeitsbühnen	15	Technische Ausrüstung
21600	Bühnengeräte Verbrauch / Schaden	15	Technische Ausrüstung
21700	Kran, Elemack, Dolly etc.	15	Technische Ausrüstung
21800	Aggregat und Betriebsstoffe	15	Technische Ausrüstung
21900	Stromkosten inkl. Anschlussgebühr	15	Technische Ausrüstung
22000	Lastwagen für Beleuchtungsgeräte	15	Technische Ausrüstung
22100	Lastwagen für Bühnengeräte	15	Technische Ausrüstung
22200	Kameratransportwagen	15	Technische Ausrüstung
22300	Tongerätewagen	15	Technische Ausrüstung
22400	Produktionsfahrzeug 1	15	Technische Ausrüstung
22500	Produktionsfahrzeug 2	15	Technische Ausrüstung
22600	Produktionsfahrzeug 3	15	Technische Ausrüstung
22700	Wohnwagen etc.	15	Technische Ausrüstung
22800	LKW Baubühne	15	Technische Ausrüstung
22900	Sonstige Fahrzeuge	15	Technische Ausrüstung
22910	Großbildwände	15	Technische Ausrüstung
23000	Reisekosten zum Drehort / Inland	16	Reisekosten Personen
23100	Fahrtkosten/ Taxi am Drehort / Inland	16	Reisekosten Personen
23200	Reisekosten zum Drehort / Ausland	16	Reisekosten Personen
23300	Fahrtkosten/ Taxi am Drehort/ Ausland	16	Reisekosten Personen
23400	Tagegelder / Diäten Inland	16	Reisekosten Personen
23410	Tagegelder / Diäten Ausland	16	Reisekosten Personen
23500	Übernachtung Hotel Inland	16	Reisekosten Personen
23510	Übernachtung Hotel Ausland	16	Reisekosten Personen
23600	Reisekosten (Synchron)	16	Reisekosten Personen
23700	Tage- / Übernachtungsgelder Synchron	16	Reisekosten Personen
23800	Sonstige Personentransporte	16	Reisekosten Personen
23900	km-Geld / Benzin / Parkgebühr	16	Reisekosten Personen
23910	km-Geld / Benzin / Parkgebühr Ausland	16	Reisekosten Personen
24200	Transport zum Drehort / Inland	17	Reisekosten Lasten
24300	Transport am Drehort / Inland	17	Reisekosten Lasten
24400	Transport zum Drehort / Ausland	17	Reisekosten Lasten
24500	Transport am Drehort / Ausland	17	Reisekosten Lasten
24600	Sonstige Lastentransporte / Boten, Kuriere	17	Reisekosten Lasten

24700	Bahn- und Luftfracht	17	Reisekosten Lasten
24800	Zoll- und Grenzkosten / Carnet / Speditionsgebühr	17	Reisekosten Lasten
25000	Rohfilmmaterial	18	Filmmaterial und -bearbeitung
25010	Rohfilmmaterial Negativ Bild	18	Filmmaterial und -bearbeitung
25020	Rohfilmmaterial Negativ Ton	18	Filmmaterial und -bearbeitung
25030	Filmmaterial Positiv	18	Filmmaterial und -bearbeitung
25100	Tonbandmaterial	18	Filmmaterial und -bearbeitung
25110	6,25mm Magnetbänder	18	Filmmaterial und -bearbeitung
25120	16mm/ 17,5mm/ 35mm Magnetbänder/ Statisch	18	Filmmaterial und -bearbeitung
25200	Kopierwerkleistungen	18	Filmmaterial und -bearbeitung
25201	Kopierwerk / Negativentwicklung	18	Filmmaterial und -bearbeitung
25202	Kopierwerk / Negativeinrichtung	18	Filmmaterial und -bearbeitung
25203	Kopierwerk / Musteranfertigung und -einrichtung inkl. Material	18	Filmmaterial und -bearbeitung
25204	Kopierwerk/ Negativ-Spezialentwicklg.	18	Filmmaterial und -bearbeitung
25205	Kopierwerk/ Lichtton-Negativentwicklg.	18	Filmmaterial und -bearbeitung
25206	Kopierwerk / Klatschkopie	18	Filmmaterial und -bearbeitung
25207	Kopierwerk/ Negativschnitt und -einrichtung	18	Filmmaterial und -bearbeitung
25208	Kopierwerk / 0-Kopie inkl. Material	18	Filmmaterial und -bearbeitung
25209	Kopierwerk/ Korrekturkopie inkl. Material	18	Filmmaterial und -bearbeitung
25210	Kopierwerk/ Fernseh-Kopie inkl. Material	18	Filmmaterial und -bearbeitung
25211	Kopierwerk / Serienkopie	18	Filmmaterial und -bearbeitung
25212	Kopierwerk / Intermed. Negativ für Blenden / Trick	18	Filmmaterial und -bearbeitung
25213	Kopierwerk / Intermed. Positiv	18	Filmmaterial und -bearbeitung
25214	Kopierwerk / CRI	18	Filmmaterial und -bearbeitung
25215	Kopierwerk / Blenden und optische Arbeiten	18	Filmmaterial und -bearbeitung
25216	Kopierwerk / Untertitelung, Titel, Grafik (Aufnahme und Kopieren)	18	Filmmaterial und -bearbeitung
25217	Kopierwerk / Sonstige Trickarbeiten	18	Filmmaterial und -bearbeitung
25300	Tonüberspielung	18	Filmmaterial und -bearbeitung
25400	Video- und MAZ-Bearbeitung	18	Filmmaterial und -bearbeitung
25410	VHS-Bearbeitung / Bandmaterial / Ausrüstung	18	Filmmaterial und -bearbeitung
25430	Betacam Bearbeitung / Bandmaterial / Ausrüstung	18	Filmmaterial und -bearbeitung

25440	1-Zoll Bearbeitung / Bandmaterial / Ausrüstung	18	Filmmaterial und -bearbeitung
25450	Überspielung / Normwandlung	18	Filmmaterial und -bearbeitung
25460	Schriftgenerator	18	Filmmaterial und -bearbeitung
25470	Computeranimation	18	Filmmaterial und -bearbeitung
25480	Video-Film-Transfer	18	Filmmaterial und -bearbeitung
25490	Filmabtastung inkl. Colormatching	18	Filmmaterial und -bearbeitung
25500	Fotomaterial	18	Filmmaterial und -bearbeitung
25600	Fotobearbeitung	18	Filmmaterial und -bearbeitung
25700	Trailer	18	Filmmaterial und -bearbeitung
25800	Sonstige Kosten	18	Filmmaterial und -bearbeitung
25900	Videomaterial	18	Filmmaterial und -bearbeitung
25910	Videokassetten (VHS / Video 8 / Video Hi8 / Digital)	18	Filmmaterial und -bearbeitung
25915	Camcorder mit Ausrüstung	18	Filmmaterial und -bearbeitung
25920	Betacam-Kassetten	18	Filmmaterial und -bearbeitung
25925	Betacam-Ausrüstung	18	Filmmaterial und -bearbeitung
26000	Vorführung inkl. Personal	19	Endfertigung
26100	Schneideraum	19	Endfertigung
26200	Schneideraum 2	19	Endfertigung
26210	Schneideraum Tonbearbeitung	19	Endfertigung
26300	Schneideraummaterial	19	Endfertigung
26400	Nummeriermaschine etc.	19	Endfertigung
26500	Sprachaufnahmen	19	Endfertigung
26600	Geräuschaufnahmen	19	Endfertigung
26610	Geräuscharchiv, Material und Personal	19	Endfertigung
26700	Musikaufnahmen	19	Endfertigung
26800	Mischung	19	Endfertigung
26810	Dolby Stereo	19	Endfertigung
26900	IT-Mischung	19	Endfertigung
27000	Synchronisation	19	Endfertigung
27010	Fremdsprachige Fassung	19	Endfertigung
27100	Ausfallversicherung Personen	20	Versicherungen
27200	Negativversicherung	20	Versicherungen
27300	Haftpflichtversicherung	20	Versicherungen
27400	Unfallversicherung	20	Versicherungen
27500	Feuerregressversicherung	20	Versicherungen
27600	Apparateversicherung	20	Versicherungen
27700	Kassenversicherung	20	Versicherungen
27800	Requisitenversicherung	20	Versicherungen
27900	Lampenversicherung	20	Versicherungen

28000	Reisegepäckversicherung	20	Versicherungen
28100	Betriebsunterbrechungsversicherung	20	Versicherungen
28200	sonstige Versicherungen	20	Versicherungen
28300	Vervielfältigungen / Fotokopien	21	Allgemeine Kosten
28310	Drehbuch (schreiben, kopieren und binden)	21	Allgemeine Kosten
28320	Dialoglisten (schreiben)	21	Allgemeine Kosten
28400	Büromaterial	21	Allgemeine Kosten
28410	Fachliteratur	21	Allgemeine Kosten
28500	Bürogeräte (Miete)	21	Allgemeine Kosten
28510	Bürogeräte (Kauf / Reparatur)	21	Allgemeine Kosten
28600	Telefon / Fax / E-Mail / Porto	21	Allgemeine Kosten
28700	Übersetzungen	21	Allgemeine Kosten
28800	Kleine Ausgaben/ Präsente/ Trinkgelder	21	Allgemeine Kosten
28900	Bewirtungen	21	Allgemeine Kosten
29000	FSK-, FBW-Gebühren	21	Allgemeine Kosten
29100	Produzentenverband	21	Allgemeine Kosten
29200	Produktionspresse	21	Allgemeine Kosten
29300	PR-Kosten	21	Allgemeine Kosten
29400	Rechts- und Steuerberatung	21	Allgemeine Kosten
29500	Projektberatung	21	Allgemeine Kosten
29600	Projektüberwachung	21	Allgemeine Kosten
29610	Projektfinanzierungskosten	21	Allgemeine Kosten
29700	Erträge aus Versicherungsleistung	22	Kostenmindernde Erträge
29800	Erträge aus Verkauf von Sachen (Fundus)	22	Kostenmindernde Erträge
29900	Erträge aus Verkauf von Rechten/ Musik	22	Kostenmindernde Erträge
30000	Erträge aus Werbung / von Sponsoren	22	Kostenmindernde Erträge

6.7 »Kostenstand« und Cost-To-Complete-Rechnung

Das wichtigste Ergebnis, das sich aus der Kostenrechnung ergibt, ist der so genannte »Kostenstand«. Dieser wird in kurzen Abständen vom Filmgeschäftsführer erstellt und dem Produktionsleiter vorgelegt. Aufgrund der übersichtlichen Darstellung jeder einzelnen Position gemäß Kalkulationsschema bzw. Kostenartenplan können Abweichungen zwischen Soll- und Istkosten sofort erkannt werden. Der Produktionsleiter hat aufgrund dieser Auswertung die Möglichkeit, noch während der Produktionsphase Entscheidungen zu treffen, die Einsparungen ermöglichen. Der Aufbau dieser Auswertung, die man »Kostenstand« nennt, obwohl es sich im Grunde um eine Abweichungsanalyse handelt, ist einfach: Neben der Auflistung der Kostenarten wird der Istkostenstand, der Sollkostenstand (also das in der Kalkulation festgelegte Budget) und die Differenz zwischen beiden Werten dargestellt:

Kostenarten-Nr.	Kostenart (Bezeichnung)	Kostenstand (Istkosten)	Budget (Sollkosten)	Differenz (Abweichung)	Anmerkung

Eine Erweiterung des »Kostenstandes« stellt die Cost-To-Complete-Rechnung dar, die zusätzlich zu den tatsächlich gebuchten Kosten und dem Budget noch weitere Überlegungen berücksichtigt, um auch diejenigen Kosten erfassen zu können, mit denen in Zukunft noch zu rechnen ist.
Dies geschieht einerseits durch die Einbeziehung der veranlassten Kosten, die betragsmäßig genau benannt werden können, da sie durch Bestellungen und Aufträge, die bereits getätigt wurden, belegt sind. Lediglich die dazugehörigen Rechnungen liegen noch nicht vor und können somit auch nicht verbucht sein.
Außerdem erhält der Produktionsleiter in der Cost-To-Complete-Rechnung eine Spalte, die der Filmgeschäftsführer freigelassen hat. In dieser Spalte kann der Produktionsleiter nun seine persönliche Einschätzung der noch zu erwartenden Kosten eintragen.
Eine Cost-To-Complete-Rechnung kann wie folgt aussehen:

Kosten-arten-Nr.	Kostenart (Bezeichng.)	Kostenstand (Istkosten)	Veranlasste Kosten	Geschätzte Kosten zur	Geschätzte Kosten Fertigstellg.	Budget (Sollk.) Gesamt	Differenz (Abweichg.)	Anmerkg.

6.8 Kalkulatorische Kosten

Zusatzkosten (Kalkulatorische Kosten) sind Kosten, zu denen keine entsprechenden Aufwendungen in der Finanzbuchhaltung existieren. Dazu zählen:
- Kalkulatorische Abschreibungen
- Kalkulatorischer Unternehmerlohn
- Kalkulatorische Zinsen
- Kalkulatorisches Risiko

6.9 Betriebsabrechnungsbogen – BAB

Der Betriebsabrechnungsbogen ist eine Kostenverrechnungstabelle, auf der alle Schritte, die in der Kostenrechnung vollzogen werden, übersichtlich zusammengefasst werden:

Kostenartenrechnung

1. Schritt:
   - Kostenarten eintragen
   - Abgrenzung Kosten
   - Kosten nach Güterarten gliedern
2. Schritt:
   - Nach Einzel- und Gemeinkosten gliedern

Kostenstellenrechnung

3. Schritt:
   - Gemeinkosten auf die Kostenstellen verteilen
   - Kostenstellen abgrenzen
   - Verteilungsschlüssel wählen
4. Schritt:
   - Innerbetriebliche Leistungsverrechnung
   - Kostenstellenbeziehungen analysieren
   - Verrechnungsverfahren auswählen
5. Schritt:
   - Endkosten je Kostenstelle ermitteln

Kostenträgerrechnung

6. Schritt:
   - Einzelkosten den Kostenträgern zuordnen
7. Schritt:
   - Endkosten der Kostenstellen gemäß des verwendeten Kalkulationsverfahrens den Kostenträgern zuordnen
8. Schritt:
   - Selbstkosten je Kostenträger ermitteln
9. Schritt:
   - Aufschläge / Rabatte / Skonti berücksichtigen
10. Schritt:
   - Ermittlung des Erfolges

6.10 Kurzfristige Erfolgsrechnung

Die kurzfristige Erfolgsrechnung hat drei Aufgaben:

- den Erfolg der betrieblichen Tätigkeit für einen kürzeren Zeitraum als z.B. ein Jahr zu ermitteln

- die Erfolgsquellen des Unternehmens aufdecken
- ungünstige wirtschaftliche Entwicklungen aufspüren

Damit diese Aufgaben erfüllt werden können, müssen folgende Voraussetzungen vorliegen:

- kurze Abrechnungszeiträume
- rasche Erfolgsermittlung

Bei der kurzfristigen Erfolgsrechnung wird eine Verknüpfung von Kosten und Leistungen erstellt. Die Kostenrechnung ermittelt die Gesamt- und Selbstkosten und die Leistungsrechnung die Umsätze für die abgesetzten Produkte sowie die Bestandsänderungen.

6.11 Abweichungsanalysen

Die Abweichungsanalyse beinhaltet die vergleichende Gegenüberstellung von Ist- und Sollkosten. Die Auswertung, die bei Film- und Fernsehproduktionen als »Kostenstand« bezeichnet wird, ist eigentlich eine Abweichungsanalyse. Die Istkosten sind die tatsächlich angefallenen Kosten. Die Sollkosten sind die Vergleichsgrößen wie z.B. die durch die Filmkalkulation ermittelten Plankosten. Als Abweichung wird die Differenz zwischen geplanten und tatsächlich entstandenen Kosten bezeichnet.
Das Ziel der Abweichungsanalyse ist immer, negative Abweichungen früh zu erkennen, um geeignete Maßnahmen zur Gegensteuerung einzuleiten.

6.12 Berücksichtigung von Fördermitteln in der Filmkostenrechnung

Zu den Gagen und Löhnen von Stabsmitarbeitern und Darstellern muss der Filmgeschäftsführer in Zusammenhang mit Fördergeldern noch besondere Betrachtungen anstellen.
Ein Mitarbeiter fällt nur dann einem bestimmten Ländereffekt zu, wenn er seinen ersten Wohnsitz in dem Bundesland hat, durch das das Projekt gefördert wurde. Das bedeutet für den Filmgeschäftsführer, dass seine Lohnsteuerkarte von einer Meldebehörde dieses Bundeslandes ausgestellt wurde.
So fällt z.B. ein Produktionsleiter aus Hamburg mit seiner Bruttogage nicht in den Ländereffekt NRW, wenn er für ein Projekt einer Produktionsfirma aus NRW engagiert wird.
Es reicht nicht aus, kurzfristig den Wohnsitz nach NRW zu verlagern, um die Kriterien zu erfüllen, die für eine Zurechnung zum NRW-Effekt gültig sind. Folgender Sachverhalt verdeutlicht den Grund:

- die Lohnsteuerkarte wird immer für ein Kalenderjahr ausgestellt.
- der Stichtag einer Lohnsteuerkartenausstellung am ersten Wohnsitz ist immer der 20. September eines jeden Jahres.

Ein Mitarbeiter, der am 19. September seinen ersten Wohnsitz verlegt, erhält also von der zuständigen Meldebehörde des neuen Wohnortes seine Lohnsteuerkarte.
Ein Mitarbeiter, der am 21. September seinen ersten Wohnsitz verlegt, erhält dagegen von der zuständigen Meldebehörde des alten Wohnortes seine Lohnsteuerkarte. Erst ein Jahr später stellt die Meldebehörde seines neuen Wohnortes die Lohnsteuerkarte aus.
Liegt dem Filmgeschäftsführer eine Lohnsteuerkarte vor, wird die Gage des Mitarbeiters also generell und zu 100% demjenigen Ländereffekt zugerechnet, der der ausstellenden Meldebehörde entspricht. Die Arbeitgeberanteile zur Kranken- und Sozialversicherung zählen übrigens auch zu dem Betrag, der zum Ländereffekt gebucht werden darf. Eine Ausnahme ist der Arbeitgeberanteil zu einer privaten Krankenversicherung, deren Sitz außerhalb dieses Bundeslandes liegt; in diesem Fall ist der Arbeitgeberanteil dem Ländereffekt nicht zuzurechnen.

7 Auskünfte durch die Finanzämter

Allgemeine Auskünfte kann jedes Finanzamt erteilen. Die Zuständigkeit liegt beim jeweiligen Hauptsachbearbeiter für das spezielle Fachgebiet. Darüber hinausgehende Auskünfte erteilt der Gruppen- oder Gebietssachbearbeiter. Betriebsprüfungssichere und verbindliche Auskünfte kann allerdings nur die Oberfinanzdirektion geben. Sie ist auch die Auskunftsstelle für alle Finanzämter.

Die Fragen an die Oberfinanzdirektion sollten grundsätzlich schriftlich formuliert werden, um mögliche Missverständnisse auszuschließen. Mit Fallbeispielen können die Fragen konkretisiert werden. Nur schriftliche Auskünfte der Oberfinanzdirektion haben einen verbindlichen Charakter! Die Anfragen werden an das jeweilige Steuerreferat der Oberfinanzdirektion adressiert. Die konkrete Anschrift des Steuerreferats kann telefonisch erfragt werden.

8 Anhang

8.1 Handelsgesetzbuch (HGB)

§ 238 Buchführungspflicht

(1) Jeder Kaufmann ist verpflichtet, Bücher zu führen und in diesen seine Handelsgeschäfte und die Lage seines Vermögens nach den Grundsätzen ordnungsmäßiger Buchführung ersichtlich zu machen. Die Buchführung muss so beschaffen sein, dass sie einem sachverständigen Dritten innerhalb angemessener Zeit einen Überblick über die Geschäftsvorfälle und über die Lage des Unternehmens vermitteln kann. Die Geschäftsvorfälle müssen sich in ihrer Entstehung und Abwicklung verfolgen lassen.
(2) Der Kaufmann ist verpflichtet, eine mit der Urschrift übereinstimmende Wiedergabe der abgesandten Handelsbriefe (Kopie, Abdruck, Abschrift oder sonstige Wiedergabe des Wortlauts auf einem Schrift-, Bild- oder anderen Datenträger) zurückzubehalten.

§ 242

Zweiter Unterabschnitt
Eröffnungsbilanz. Jahresabschluss
Erster Titel
Allgemeine Vorschriften

§ 242 Pflicht zur Aufstellung

(1) Der Kaufmann hat zu Beginn seines Handelsgewerbes und für den Schluss eines jeden Geschäftsjahrs einen das Verhältnis seines Vermögens und seiner Schulden darstellenden Abschluss (Eröffnungsbilanz, Bilanz) aufzustellen. Auf die Eröffnungsbilanz sind die für den Jahresabschluss geltenden Vorschriften entsprechend anzuwenden, soweit sie sich auf die Bilanz beziehen.
(2) Er hat für den Schluss eines jeden Geschäftsjahrs eine Gegenüberstellung der Aufwendungen und Erträge des Geschäftsjahrs (Gewinn- und Verlustrechnung) aufzustellen.
(3) Die Bilanz und die Gewinn- und Verlustrechnung bilden den Jahresabschluss.

§ 252 Allgemeine Bewertungsgrundsätze

(1) Bei der Bewertung der im Jahresabschluss ausgewiesenen Vermögensgegenstände und Schulden gilt insbesondere folgendes:

1. Die Wertansätze in der Eröffnungsbilanz des Geschäftsjahrs müssen mit denen der Schlussbilanz des vorhergehenden Geschäftsjahrs übereinstimmen.
2. Bei der Bewertung ist von der Fortführung der Unternehmenstätigkeit auszugehen, sofern dem nicht tatsächliche oder rechtliche Gegebenheiten entgegenstehen.
3. Die Vermögensgegenstände und Schulden sind zum Abschlussstichtag einzeln zu bewerten.
4. Es ist vorsichtig zu bewerten, namentlich sind alle vorhersehbaren Risiken und Verluste, die bis zum Abschlussstichtag entstanden sind, zu berücksichtigen, selbst wenn diese erst zwischen dem Abschlussstichtag und dem Tag der Aufstellung des Jahresabschlusses bekannt geworden sind; Gewinne sind nur zu berücksichtigen, wenn sie am Abschlussstichtag realisiert sind.
5. Aufwendungen und Erträge des Geschäftsjahrs sind unabhängig von den Zeitpunkten der entsprechenden Zahlungen im Jahresabschluss zu berücksichtigen.
6. Die auf den vorhergehenden Jahresabschluss angewandten Bewertungsmethoden sollen beibehalten werden.

(2) Von den Grundsätzen des Absatzes 1 darf nur in begründeten Ausnahmefällen abgewichen werden.

Zweiter Abschnitt
Mitwirkungspflichten
1. Unterabschnitt
Führung von Büchern und Aufzeichnungen

§ 140 Buchführungs- und Aufzeichnungspflichten nach anderen Gesetzen
Wer nach anderen Gesetzen als den Steuergesetzen Bücher und Aufzeichnungen zu führen hat, die für die Besteuerung von Bedeutung sind, hat die Verpflichtungen, die ihm nach den anderen Gesetzen obliegen, auch für die Besteuerung zu erfüllen.

8.2 Abgabenordnung (AO)

§ 145 Allgemeine Anforderungen an Buchführung und Aufzeichnungen

(1) Die Buchführung muss so beschaffen sein, dass sie einem sachverständigen Dritten innerhalb angemessener Zeit einen Überblick über die Geschäftsvorfälle und über die Lage des Unternehmens vermitteln kann. Die Geschäftsvorfälle müssen sich in ihrer Entstehung und Abwicklung verfolgen lassen.

(2) Aufzeichnungen sind so vorzunehmen, dass der Zweck, den sie für die Besteuerung erfüllen sollen, erreicht wird.

§ 146 Ordnungsvorschriften für die Buchführung und für Aufzeichnungen

(1) Die Buchungen und die sonst erforderlichen Aufzeichnungen sind vollständig, richtig, zeitgerecht und geordnet vorzunehmen. Kasseneinnahmen und Kassenausgaben sollen täglich festgehalten werden.

(2) Bücher und die sonst erforderlichen Aufzeichnungen sind im Geltungsbereich dieses Gesetzes zu führen und aufzubewahren. Dies gilt nicht, soweit für Betriebsstätten außerhalb des Geltungsbereichs dieses Gesetzes nach dortigem Recht eine Verpflichtung besteht, Bücher und Aufzeichnungen zu führen, und diese Verpflichtung erfüllt wird.

In diesem Falle sowie bei Organgesellschaften außerhalb des Geltungsbereichs dieses Gesetzes müssen die Ergebnisse der dortigen Buchführung in die Buchführung des hiesigen Unternehmens übernommen werden, soweit sie für die Besteuerung von Bedeutung sind. Dabei sind die erforderlichen Anpassungen an die steuerrechtlichen Vorschriften im Geltungsbereich dieses Gesetzes vorzunehmen und kenntlich zu machen.

(3) Die Buchungen und die sonst erforderlichen Aufzeichnungen sind in einer lebenden Sprache vorzunehmen. Wird eine andere als die deutsche Sprache verwendet, so kann die Finanzbehörde Übersetzungen verlangen. Werden Abkürzungen, Ziffern, Buchstaben oder Symbole verwendet, muss im Einzelfall deren Bedeutung eindeutig festliegen.

(4) Eine Buchung oder eine Aufzeichnung darf nicht in einer Weise verändert werden, dass der ursprüngliche Inhalt nicht mehr feststellbar ist. Auch solche Veränderungen dürfen nicht vorgenommen werden, deren Beschaffenheit es ungewiss lässt, ob sie ursprünglich oder erst später gemacht worden sind.

(5) Die Bücher und die sonst erforderlichen Aufzeichnungen können auch in der geordneten Ablage von Belegen bestehen oder auf Datenträgern geführt werden, soweit diese Formen der Buchführung einschließlich des dabei angewandten Verfahrens den Grundsätzen ordnungsmäßiger Buchführung entsprechen; bei Aufzeichnungen, die allein nach den Steuergesetzen vorzunehmen sind, bestimmt sich die Zulässigkeit des angewendeten Verfahrens nach dem Zweck, den die Aufzeichnungen für die Besteuerung erfüllen sollen. Bei der Führung der Bücher und der sonst erforderlichen Aufzeichnungen auf Datenträgern muss insbesondere sichergestellt sein, dass die Daten

während der Dauer der Aufbewahrungsfrist verfügbar sind und jederzeit innerhalb angemessener Frist lesbar gemacht werden können. Absätze 1 bis 4 gelten sinngemäß.
(6) Die Ordnungsvorschriften gelten auch dann, wenn der Unternehmer Bücher und Aufzeichnungen, die für die Besteuerung von Bedeutung sind, führt, ohne hierzu verpflichtet zu sein.

§ 147 Ordnungsvorschriften für die Aufbewahrung von Unterlagen

(1) Die folgenden Unterlagen sind geordnet aufzubewahren:
1. Bücher und Aufzeichnungen, Inventare, Jahresabschlüsse, Lageberichte, die Eröffnungsbilanz sowie die zu ihrem Verständnis erforderlichen Arbeitsanweisungen und sonstigen Organisationsunterlagen,
2. die empfangenen Handels- oder Geschäftsbriefe,
3. Wiedergaben der abgesandten Handels- und Geschäftsbriefe,
4. Buchungsbelege,
5. sonstige Unterlagen, soweit sie für die Besteuerung von Bedeutung sind.

(2) Mit Ausnahme der Jahresabschlüsse und der Eröffnungsbilanz können die in Absatz 1 aufgeführten Unterlagen auch als Wiedergabe auf einem Bildträger oder auf anderen Datenträgern aufbewahrt werden, wenn dies den Grundsätzen ordnungsmäßiger Buchführung entspricht und sichergestellt ist, dass die Wiedergabe oder die Daten
1. mit den empfangenen Handels- oder Geschäftsbriefen und den Buchungsbelegen bildlich und mit den anderen Unterlagen inhaltlich übereinstimmen, wenn sie lesbar gemacht werden,
2. während der Dauer der Aufbewahrungsfrist verfügbar sind und jederzeit innerhalb angemessener Frist lesbar gemacht werden können.

Sind Unterlagen aufgrund des § 146 Abs. 5 auf Datenträgern hergestellt worden, können statt der Datenträger die Daten auch ausgedruckt aufbewahrt werden; die ausgedruckten Unterlagen können auch nach Satz 1 aufbewahrt werden.
(3) Die in Absatz 1 Nr. 1 und 4 aufgeführten Unterlagen sind zehn Jahre, die sonstigen in Absatz 1 aufgeführten Unterlagen sechs Jahre aufzubewahren, sofern nicht in anderen Steuergesetzen kürzere Aufbewahrungsfristen zugelassen sind. Kürzere Aufbewahrungsfristen nach außersteuerlichen Gesetzen lassen die in Satz 1 bestimmte Frist unberührt. Die Aufbewahrungsfrist läuft jedoch nicht ab, soweit und solange die Unterlagen für Steuern von Bedeutung sind, für welche die Festsetzungsfrist noch nicht abgelaufen ist; § 169 Abs. 2 Satz 2 gilt nicht.
(4) Die Aufbewahrungsfrist beginnt mit dem Schluss des Kalenderjahres, in dem die letzte Eintragung in das Buch gemacht, das Inventar, die Eröffnungsbilanz, der Jahresabschluss oder der Lagebericht aufgestellt, der Handels- oder Geschäftsbrief empfangen oder abgesandt worden oder der Buchungsbeleg entstanden ist, ferner die Aufzeichnung vorgenommen worden ist oder die sonstigen Unterlagen entstanden sind.
(5) Wer aufzubewahrende Unterlagen nur in der Form einer Wiedergabe auf einem Bildträger oder auf anderen Datenträgern vorlegen kann, ist verpflichtet, auf seine Kosten diejenigen Hilfsmittel zur Verfügung zu stellen, die erforderlich sind, um die Unterlagen lesbar zu machen; auf Verlangen der Finanzbehörde hat er auf seine Kosten

die Unterlagen unverzüglich ganz oder teilweise auszudrucken oder ohne Hilfsmittel lesbare Reproduktionen beizubringen.

§ 149 Erklärungspflichtige Personen

(1) Die Steuergesetze bestimmen, wer zur Abgabe einer Steuererklärung verpflichtet ist. Zur Abgabe einer Steuererklärung ist auch verpflichtet, wer hierzu von der Finanzbehörde aufgefordert wird. Die Aufforderung kann durch öffentliche Bekanntmachung erfolgen. Die Verpflichtung zur Abgabe einer Steuererklärung bleibt auch dann bestehen, wenn die Finanzbehörde die Besteuerungsgrundlagen geschätzt hat (§ 162).

(2) Soweit die Steuergesetze nichts anderes bestimmen, sind Steuererklärungen, die sich auf ein Kalenderjahr oder einen gesetzlich bestimmten Zeitpunkt beziehen, spätestens fünf Monate danach abzugeben. Bei Steuerpflichtigen, die den Gewinn aus Land- und Forstwirtschaft nach einem vom Kalenderjahr abweichenden Wirtschaftsjahr ermitteln, endet die Frist nicht vor Ablauf des dritten Monats, der auf den Schluss des in dem Kalenderjahr begonnenen Wirtschaftsjahrs folgt.

(3) Zur Vereinfachung des Besteuerungsverfahrens kann das Bundesministerium der Finanzen unter Wahrung einer gleichmäßigen Besteuerung durch Rechtsverordnung mit Zustimmung des Bundesrates bestimmen, dass Steuererklärungen für zwei aufeinander folgende Kalenderjahre auf Antrag des Steuerpflichtigen abweichend von Absatz 2 innerhalb von 12 Monaten nach Ablauf des zweiten Kalenderjahres zusammen abgegeben werden können (besondere Erklärungsfrist); § 109 ist auf die besondere Erklärungsfrist nicht anzuwenden. Satz 1 gilt entsprechend für Steuererklärungen, die sich auf einen gesetzlich bestimmten Zeitpunkt beziehen, und für Erklärungen zur gesonderten Feststellung. In der Rechtsverordnung können abweichend von den Vorschriften der Steuergesetze insbesondere geregelt werden:

1. die Voraussetzungen für die Gewährung der besonderen Erklärungsfrist,
2. der Zeitraum, innerhalb dessen Vorauszahlungen festgesetzt oder angepasst werden können,
3. Fristen für die Ausübung steuerlicher Wahlrechte und für Anträge auf Gewährung steuerlicher Vergünstigungen,
4. der Beginn der Festsetzungsfrist,
5. die Voraussetzungen für die Festsetzung eines Verspätungszuschlages und
6. der Beginn des Zinslaufs nach § 233a Abs. 2 und die Berechnung des zu verzinsenden Unterschiedsbetrages nach § 233a Abs. 3 und 5; dabei können auch Regelungen für Fälle getroffen werden, in denen der Steuerpflichtige die besondere Erklärungsfrist nicht in Anspruch nimmt.

8.3 Umsatzsteuergesetz (UStG)

§ 1 Steuerbare Umsätze

(1) Der Umsatzsteuer unterliegen die folgenden Umsätze:

1. die Lieferungen und sonstigen Leistungen, die ein Unternehmer im Inland gegen Entgelt im Rahmen seines Unternehmens ausführt. Die Steuerbarkeit entfällt nicht, wenn der Umsatz auf Grund gesetzlicher oder behördlicher Anordnung ausgeführt wird oder nach gesetzlicher Vorschrift als ausgeführt gilt;
2. (weggefallen)
3. (weggefallen)
4. die Einfuhr von Gegenständen aus dem Drittlandsgebiet in das Inland oder die österreichischen Gebiete Jungholz und Mittelberg (Einfuhrumsatzsteuer);
5. der innergemeinschaftliche Erwerb im Inland gegen Entgelt.

(1a) Die Umsätze im Rahmen einer Geschäftsveräußerung an einen anderen Unternehmer für dessen Unternehmen unterliegen nicht der Umsatzsteuer. Eine Geschäftsveräußerung liegt vor, wenn ein Unternehmen oder ein in der Gliederung eines Unternehmens gesondert geführter Betrieb im ganzen entgeltlich oder unentgeltlich übereignet oder in eine Gesellschaft eingebracht wird. Der erwerbende Unternehmer tritt an die Stelle des Veräußerers.

(2) Inland im Sinne dieses Gesetzes ist das Gebiet der Bundesrepublik Deutschland mit Ausnahme des Gebiets von Büsingen, der Insel Helgoland, der Freihäfen, der Gewässer und Watten zwischen der Hoheitsgrenze und der jeweiligen Strandlinie sowie der deutschen Schiffe und der deutschen Luftfahrzeuge in Gebieten, die zu keinem Zollgebiet gehören. Ausland im Sinne dieses Gesetzes ist das Gebiet, das danach nicht Inland ist. Wird ein Umsatz im Inland ausgeführt, so kommt es für die Besteuerung nicht darauf an, ob der Unternehmer deutscher Staatsangehöriger ist, seinen Wohnsitz oder Sitz im Inland hat, im Inland eine Betriebsstätte unterhält, die Rechnung erteilt oder die Zahlung empfängt.

(2a) Das Gemeinschaftsgebiet im Sinne dieses Gesetzes umfasst das Inland im Sinne des Absatzes 2 Satz 1 und die Gebiete der übrigen Mitgliedstaaten der Europäischen Gemeinschaft, die nach dem Gemeinschaftsrecht als Inland dieser Mitgliedstaaten gelten (übriges Gemeinschaftsgebiet). Das Fürstentum Monaco gilt als Gebiet der Französischen Republik; die Insel Man gilt als Gebiet des Vereinigten Königreichs Großbritannien und Nordirland. Drittlandsgebiet im Sinne dieses Gesetzes ist das Gebiet, das nicht Gemeinschaftsgebiet ist.

(3) Folgende Umsätze, die in den Freihäfen und in den Gewässern und Watten zwischen der Hoheitsgrenze und der jeweiligen Strandlinie bewirkt werden, sind wie Umsätze im Inland zu behandeln:

1. die Lieferungen von Gegenständen, die zum Gebrauch oder Verbrauch in den bezeichneten Gebieten oder zur Ausrüstung oder Versorgung eines Beförderungsmittels bestimmt sind, wenn die Lieferungen nicht für das Unternehmen des Abnehmers ausgeführt werden;

2. die sonstigen Leistungen, die nicht für das Unternehmen des Auftraggebers ausgeführt werden;
3. die Lieferungen im Sinne des § 3 Abs. 1b und die sonstigen Leistungen im Sinne des § 3 Abs. 9a;
4. die Lieferung von Gegenständen, die sich im Zeitpunkt der Lieferung
   a) in einem zollamtlich bewilligten Freihafen-Veredelungsverkehr oder in einer zollamtlich besonders zugelassenen Freihafenlagerung oder
   b) einfuhrumsatzsteuerrechtlich im freien Verkehr befinden;
5. die sonstigen Leistungen, die im Rahmen eines Veredelungsverkehrs oder einer Lagerung im Sinne der Nummer 4 Buchstabe a ausgeführt werden;
6. der innergemeinschaftliche Erwerb durch eine juristische Person, die nicht Unternehmer ist oder den Gegenstand nicht für ihr Unternehmen erwirbt, soweit die erworbenen Gegenstände zum Gebrauch oder Verbrauch in den bezeichneten Gebieten oder zur Ausrüstung oder Versorgung eines Beförderungsmittels bestimmt sind;
7. der innergemeinschaftliche Erwerb eines neuen Fahrzeugs durch die in § 1a Abs. 3 und § 1b Abs. 1 genannten Erwerber.

Lieferungen und sonstige Leistungen an juristische Personen des öffentlichen Rechts sowie deren innergemeinschaftlicher Erwerb in den bezeichneten Gebieten sind als Umsätze im Sinne der Nummern 1, 2 und 6 anzusehen, soweit der Unternehmer nicht anhand von Aufzeichnungen und Belegen das Gegenteil glaubhaft macht.

§ 14 von Rechnungen

(1) Führt der Unternehmer steuerpflichtige Lieferungen oder sonstige Leistungen nach § 1 Abs. 1 Nr. 1 aus, so ist er berechtigt und, soweit er die Umsätze an einen anderen Unternehmer für dessen Unternehmen ausführt, auf Verlangen des anderen verpflichtet, Rechnungen auszustellen, in denen die Steuer gesondert ausgewiesen ist. Diese Rechnungen müssen die folgenden Angaben enthalten:

1. den Namen und die Anschrift des leistenden Unternehmers,
2. den Namen und die Anschrift des Leistungsempfängers,
3. die Menge und die handelsübliche Bezeichnung des Gegenstandes der Lieferung oder die Art und den Umfang der sonstigen Leistung,
4. den Zeitpunkt der Lieferung oder der sonstigen Leistung,
5. das Entgelt für die Lieferung oder sonstige Leistung (§ 10) und
6. den auf das Entgelt (Nummer 5) entfallenden Steuerbetrag.

In den Fällen des § 10 Abs. 5 sind die Nummern 5 und 6 mit der Maßgabe anzuwenden, dass die Bemessungsgrundlage für die Leistung (§ 10 Abs. 4) und der darauf entfallende Steuerbetrag anzugeben sind.

Unternehmer, die § 24 Abs. 1 bis 3 anwenden, sind jedoch auch in diesen Fällen nur zur Angabe des Entgelts und des darauf entfallenden Steuerbetrags berechtigt. Vereinnahmt der Unternehmer das Entgelt oder einen Teil des Entgelts für eine noch nicht ausgeführte steuerpflichtige Lieferung oder sonstige Leistung, so gelten die Sätze 1 und 2 sinngemäß. Wird eine Endrechnung erteilt, so sind in ihr die vor Ausführung der

Lieferung oder sonstigen Leistung vereinnahmten Teilentgelte und die auf sie entfallenden Steuerbeträge abzusetzen, wenn über die Teilentgelte Rechnungen im Sinne des Satzes 2 ausgestellt worden sind.

(2) Hat der Unternehmer in einer Rechnung für eine Lieferung oder sonstige Leistung einen höheren Steuerbetrag, als er nach diesem Gesetz für den Umsatz schuldet, gesondert ausgewiesen, so schuldet er auch den Mehrbetrag.
Berichtigt er den Steuerbetrag gegenüber dem Leistungsempfänger, so ist § 17 Abs. 1 entsprechend anzuwenden.

(3) Wer in einer Rechnung einen Steuerbetrag gesondert ausweist, obwohl er zum gesonderten Ausweis der Steuer nicht berechtigt ist, schuldet den ausgewiesenen Betrag. Das gleiche gilt, wenn jemand in einer anderen Urkunde, mit der er wie ein leistender Unternehmer abrechnet, einen Steuerbetrag gesondert ausweist, obwohl er nicht Unternehmer ist oder eine Lieferung oder sonstige Leistung nicht ausführt.

(4) Rechnung ist jede Urkunde, mit der ein Unternehmer oder in seinem Auftrag ein Dritter über eine Lieferung oder sonstige Leistung gegenüber dem Leistungsempfänger abrechnet, gleichgültig, wie diese Urkunde im Geschäftsverkehr bezeichnet wird.

(5) Als Rechnung gilt auch eine Gutschrift, mit der ein Unternehmer über eine steuerpflichtige Lieferung oder sonstige Leistung abrechnet, die an ihn ausgeführt wird. Eine Gutschrift ist anzuerkennen, wenn folgende Voraussetzungen vorliegen:

1. Der leistende Unternehmer (Empfänger der Gutschrift) muss zum gesonderten Ausweis der Steuer in einer Rechnung nach Absatz 1 berechtigt sein.
2. Zwischen dem Aussteller und dem Empfänger der Gutschrift muss Einverständnis darüber bestehen, dass mit einer Gutschrift über die Lieferung oder sonstige Leistung abgerechnet wird.
3. Die Gutschrift muss die in Absatz 1 Satz 2 vorgeschriebenen Angaben enthalten.
4. Die Gutschrift muss dem leistenden Unternehmer zugeleitet worden sein.

Die Sätze 1 und 2 sind auf Gutschriften sinngemäß anzuwenden, die der Unternehmer über das für eine noch nicht ausgeführte steuerpflichtige Lieferung oder sonstige Leistung entrichtete Entgelt oder Teilentgelt ausstellt. Die Gutschrift verliert die Wirkung einer Rechnung, soweit der Empfänger dem in ihr enthaltenen Steuerausweis widerspricht.

(6) Das Bundesministerium der Finanzen kann mit Zustimmung des Bundesrates zur Vereinfachung des Besteuerungsverfahrens durch Rechtsverordnung bestimmen, in welchen Fällen und unter welchen Voraussetzungen

1. als Rechnungen auch andere Urkunden anerkannt werden können,
2. auf einzelne Angaben bei der Ausstellung von Rechnungen (Absatz 1) verzichtet werden kann oder
3. eine Verpflichtung des Unternehmers zur Ausstellung von Rechnungen mit gesondertem Steuerausweis (Absatz 1) entfällt.

§ 19 Besteuerung der Kleinunternehmer

(1) Die für Umsätze im Sinne des § 1 Abs. 1 Nr. 1 geschuldete Umsatzsteuer wird von Unternehmern, die im Inland oder in den in § 1 Abs. 3 bezeichneten Gebieten ansässig

sind, nicht erhoben, wenn der in Satz 2 bezeichnete Umsatz zuzüglich der darauf entfallenden Steuer im vorangegangenen Kalenderjahr 32 500 Deutsche Mark nicht überstiegen hat und im laufenden Kalenderjahr 100 000 Deutsche Mark voraussichtlich nicht übersteigen wird. Umsatz im Sinne des Satzes 1 ist der nach vereinnahmten Entgelten bemessene Gesamtumsatz, gekürzt um die darin enthaltenen Umsätze von Wirtschaftsgütern des Anlagevermögens. Satz 1 gilt nicht für die nach § 14 Abs. 3 und § 25b Abs. 2 geschuldete Steuer. In den Fällen des Satzes 1 finden die Vorschriften über die Steuerbefreiung innergemeinschaftlicher Lieferungen (§ 4 Nr. 1 Buchstabe b, § 6a), über den Verzicht auf Steuerbefreiungen (§ 9), über den gesonderten Ausweis der Steuer in einer Rechnung (§ 14 Abs. 1), über die Angabe der Umsatzsteuer-Identifikationsnummern in einer Rechnung (§ 14a Abs. 2) und über den Vorsteuerabzug (§ 15) keine Anwendung. § 15a ist nur anzuwenden, wenn sich die für den Vorsteuerabzug maßgebenden Verhältnisse bei einem Wirtschaftsgut ändern, das von dem Unternehmer bereits vor Beginn des Zeitraums erstmalig verwendet worden ist, in dem die Steuer nach Satz 1 nicht erhoben wird.

(2) Der Unternehmer kann dem Finanzamt bis zur Unanfechtbarkeit der Steuerfestsetzung (§ 18 Abs. 3 und 4) erklären, dass er auf die Anwendung des Absatzes 1 verzichtet. Nach Eintritt der Unanfechtbarkeit der Steuerfestsetzung bindet die Erklärung den Unternehmer mindestens für fünf Kalenderjahre. Sie kann nur mit Wirkung von Beginn eines Kalenderjahres an widerrufen werden. Der Widerruf ist spätestens bis zur Unanfechtbarkeit der Steuerfestsetzung des Kalenderjahres, für das er gelten soll, zu erklären.

(3) Gesamtumsatz ist die Summe der vom Unternehmer ausgeführten steuerbaren Umsätze im Sinne des § 1 Abs. 1 Nr. 1 abzüglich folgender Umsätze:

1. der Umsätze, die nach § 4, Nr. 8 Buchstabe i, Nr. 9 Buchstabe b und Nr. 11 bis 28 steuerfrei sind;
2. der Umsätze, die nach § 4 Nr. 8 Buchstabe a bis h, Nr. 9 Buchstabe a und Nr. 10 steuerfrei sind, wenn sie Hilfsumsätze sind.

Soweit der Unternehmer die Steuer nach vereinnahmten Entgelten berechnet (§ 13 Abs. 1 Nr. 1 Buchstabe a Satz 4 oder § 20), ist auch der Gesamtumsatz nach diesen Entgelten zu berechnen. Hat der Unternehmer seine gewerbliche oder berufliche Tätigkeit nur in einem Teil des Kalenderjahres ausgeübt, so ist der tatsächliche Gesamtumsatz in einen Jahresgesamtumsatz umzurechnen. Angefangene Kalendermonate sind bei der Umrechnung als volle Kalendermonate zu behandeln, es sei denn, dass die Umrechnung nach Tagen zu einem niedrigeren Jahresgesamtumsatz führt.

(4) Absatz 1 gilt nicht für die innergemeinschaftlichen Lieferungen neuer Fahrzeuge. § 15 Abs. 4a ist entsprechend anzuwenden.

8.4 Viertes Sozialgesetzbuch (SGB IV)

Zweiter Teil: Beschäftigung und selbständige Tätigkeit

§ 7 Beschäftigung

(1) Beschäftigung ist die nichtselbständige Arbeit, insbesondere in einem Arbeitsverhältnis.

(1a) Ist für Zeiten einer Freistellung von der Arbeitsleistung Arbeitsentgelt fällig, das mit einer vor oder nach diesen Zeiten erbrachten Arbeitsleistung erzielt wird (Wertguthaben), besteht während der Freistellung eine Beschäftigung gegen Arbeitsentgelt, wenn

1. die Freistellung auf Grund einer schriftlichen Vereinbarung erfolgt und
2. die Höhe des für die Zeit der Freistellung und des für die vorausgegangenen zwölf Kalendermonate monatlich fälligen Arbeitsentgelts nicht unangemessen voneinander abweichen und diese Arbeitsentgelte 630 Deutsche Mark übersteigen.

Beginnt ein Beschäftigungsverhältnis mit einer Zeit der Freistellung, gilt Satz 1 Nr. 2 mit der Maßgabe, dass die Höhe des für die Zeit der Freistellung und des für die Zeit der Arbeitsleistung, mit der das Arbeitsentgelt später erzielt werden soll, monatlich fälligen Arbeitsentgelts nicht unangemessen voneinander abweichen darf und diese Arbeitsentgelte 630 Deutsche Mark übersteigen müssen. Eine Beschäftigung gegen Arbeitsentgelt besteht während der Zeit der Freistellung auch, wenn die Arbeitsleistung, mit der das Arbeitsentgelt später erzielt werden soll, wegen einer im Zeitpunkt der Vereinbarung nicht vorhersehbaren vorzeitigen Beendigung des Beschäftigungsverhältnisses nicht mehr erbracht werden kann. Die Sätze 1 bis 3 gelten nicht für Beschäftigte, auf die Wertguthaben übertragen werden.

(1b) Die Möglichkeit eines Arbeitnehmers zur Vereinbarung flexibler Arbeitszeiten gilt nicht als eine die Kündigung des Arbeitsverhältnisses durch den Arbeitgeber begründende Tatsache im Sinne des § 1 Abs. 2 Satz 1 des Kündigungsschutzgesetzes.

(2) Als Beschäftigung gilt auch der Erwerb beruflicher Kenntnisse, Fertigkeiten oder Erfahrungen im Rahmen betrieblicher Berufsbildung.

(3) Eine Beschäftigung gegen Arbeitsentgelt gilt als fortbestehend, solange das Beschäftigungsverhältnis ohne Anspruch auf Arbeitsentgelt fortdauert, jedoch nicht länger als einen Monat. Satz 1 gilt nicht, wenn Krankengeld, Verletztengeld, Versorgungskrankengeld, Übergangsgeld oder Mutterschaftsgeld oder nach gesetzlichen Vorschriften Erziehungsgeld bezogen oder Erziehungsgeld in Anspruch genommen wird.

(4) Bei Personen, die erwerbsmäßig tätig sind und

1. im Zusammenhang mit ihrer Tätigkeit mit Ausnahme von Familienangehörigen keinen versicherungspflichtigen Arbeitnehmer beschäftigen,
2. regelmäßig und im wesentlichen nur für einen Auftraggeber tätig sind,
3. für Beschäftigte typische Arbeitsleistungen erbringen, insbesondere Weisungen des Auftraggebers unterliegen und in die Arbeitsorganisation des Auftraggebers eingegliedert sind, oder
4. nicht aufgrund unternehmerischer Tätigkeit am Markt auftreten,

wird vermutet, dass sie gegen Arbeitsentgelt beschäftigt sind, wenn mindestens zwei der genannten Merkmale vorliegen. Satz 1 gilt nicht für Handelsvertreter, die im wesentlichen frei ihre Tätigkeit gestalten und über ihre Arbeitszeit bestimmen können. Familienangehörige im Sinne des Satzes 1 Nr. 1 sind

1. der Ehegatte sowie
2. Verwandte bis zum zweiten Grade,
3. Verschwägerte bis zum zweiten Grade,
4. Pflegekinder (§ 56 Abs. 2 Nr. 2 des Ersten Buches) des Versicherten oder seines Ehegatten.

Auftraggeber gelten als Arbeitgeber. Geringfügig Beschäftigte, die nach § 5 Abs. 2 Satz 2 des Sechsten Buches auf die Versicherungsfreiheit verzichtet haben, gelten nicht als versicherungspflichtige Arbeitnehmer im Sinne des Satzes 1 Nr. 1.

SGB IV (Artikel 1)

§ 8 Geringfügige Beschäftigung und geringfügige selbständige Tätigkeit

(1) Eine geringfügige Beschäftigung liegt vor, wenn

1. die Beschäftigung regelmäßig weniger als fünfzehn Stunden in der Woche ausgeübt wird und das Arbeitsentgelt regelmäßig im Monat 630 Deutsche Mark nicht übersteigt,
2. die Beschäftigung innerhalb eines Jahres seit ihrem Beginn auf längstens zwei Monate oder 50 Arbeitstage nach ihrer Eigenart begrenzt zu sein pflegt oder im voraus vertraglich begrenzt ist, es sei denn, dass die Beschäftigung berufsmäßig ausgeübt wird und ihr Entgelt 630 Deutsche Mark im Monat übersteigt.

(2) Bei der Anwendung des Absatzes 1 sind mehrere geringfügige Beschäftigungen nach Nummer 1 oder Nummer 2 sowie geringfügige Beschäftigungen nach Nummer 1 und nicht geringfügige Beschäftigungen zusammenzurechnen. Eine geringfügige Beschäftigung liegt nicht mehr vor, sobald die Voraussetzungen des Absatzes 1 entfallen.

(3) Die Absätze 1 und 2 gelten entsprechend, soweit anstelle einer Beschäftigung eine selbständige Tätigkeit ausgeübt wird. Dies gilt nicht für das Recht der Arbeitsförderung.

8.5 Sechstes Sozialgesetzbuch (SGB VI)

§ 163 Sonderregelung für beitragspflichtige Einnahmen Beschäftigter
(1) Für unständig Beschäftigte ist als beitragspflichtige Einnahmen ohne Rücksicht auf die Beschäftigungsdauer das innerhalb eines Kalendermonats erzielte Arbeitsentgelt bis zur Höhe der monatlichen Beitragsbemessungsgrenze zugrunde zu legen. Unständig ist die Beschäftigung, die auf weniger als eine Woche entweder nach der Natur der Sache befristet zu sein pflegt oder im voraus durch den Arbeitsvertrag befristet ist. Bestanden innerhalb eines Kalendermonats mehrere unständige Beschäftigungen und übersteigt das Arbeitsentgelt insgesamt die monatliche Beitragsbemessungsgrenze, sind bei der Berechnung der Beiträge die einzelnen Arbeitsentgelte anteilmäßig zu berücksichtigen, soweit der Gesamtbetrag die monatliche Beitragsbemessungsgrenze nicht übersteigt. Soweit Versicherte oder Arbeitgeber dies beantragen, verteilt die zuständige Einzugsstelle die Beiträge nach den zu berücksichtigenden Arbeitsentgelten aus unständigen Beschäftigungen.

8.6 Einkommensteuergesetz (EStG)

4. Überschuss der Einnahmen über die Werbungskosten

§ 8 Einnahmen

(1) Einnahmen sind alle Güter, die in Geld oder Geldeswert bestehen und dem Steuerpflichtigen im Rahmen der Einkunftsarten des § 2 Abs. 1 Satz 1 Nr. 4 bis 7 zufließen.

(2) 1 Einnahmen, die nicht in Geld bestehen (Wohnung, Kost, Waren, Dienstleistungen und sonstige Sachbezüge), sind mit den um übliche Preisnachlässe geminderten üblichen Endpreisen am Abgabeort anzusetzen. 2 Für die private Nutzung eines betrieblichen Kraftfahrzeugs zu privaten Fahrten gilt § 6 Abs. 1 Nr. 4 Satz 2 entsprechend. 3 Kann das Kraftfahrzeug auch für Fahrten zwischen Wohnung und Arbeitsstätte genutzt werden, erhöht sich der Wert in Satz 2 für jeden Kalendermonat um 0,03 vom Hundert des Listenpreises im Sinne des § 6 Abs. 1 Nr. 4 Satz 2 für jeden Kilometer der Entfernung zwischen Wohnung und Arbeitsstätte. 4 Der Wert nach den Sätzen 2 und 3 kann mit dem auf die private Nutzung und die Nutzung zu Fahrten zwischen Wohnung und Arbeitsstätte entfallenden Teil der gesamten Kraftfahrzeugaufwendungen angesetzt werden, wenn die durch das Kraftfahrzeug insgesamt entstehenden Aufwendungen durch Belege und das Verhältnis der privaten Fahrten und der Fahrten zwischen Wohnung und Arbeitsstätte zu den übrigen Fahrten durch ein ordnungsgemäßes Fahrtenbuch nachgewiesen werden. 5 Die Nutzung des Kraftfahrzeugs zu einer Familienheimfahrt im Rahmen einer doppelten Haushaltsführung ist mit 0,002 vom Hundert des Listenpreises im Sinne des § 6 Abs. 1 Nr. 4 Satz 2 für jeden Kilometer der Entfernung zwischen dem Ort des eigenen Hausstands und dem Beschäftigungsort anzusetzen; dies gilt nicht, wenn für diese Fahrt ein Abzug von Werbungskosten nach § 9 Abs. 1 Satz 3 Nr. 5 Satz 3 und 4 in Betracht käme; Satz 4 ist sinngemäß anzuwenden. 6 Bei Arbeitnehmern, für deren Sachbezüge durch Rechtsverordnung nach § 17 Abs. 1 Nr. 3 des Vierten Buches Sozialgesetzbuch Werte bestimmt worden sind, sind diese Werte maßgebend. 7 Die Werte nach Satz 6 sind auch bei Steuerpflichtigen anzusetzen, die nicht der gesetzlichen Rentenversicherungspflicht unterliegen, wenn sie für deren Sachbezüge nicht offensichtlich unzutreffend sind. 8Die oberste Finanzbehörde eines Landes kann mit Zustimmung des Bundesministeriums der Finanzen für weitere Sachbezüge der Arbeitnehmer Durchschnittswerte festsetzen. Sachbezüge, die nach Satz 1 zu bewerten sind, bleiben außer Ansatz, wenn die sich nach Anrechnung der vom Steuerpflichtigen gezahlten Entgelte ergebenden Vorteile insgesamt 50 Deutsche Mark im Kalendermonat nicht übersteigen.

(3) 1 Erhält ein Arbeitnehmer auf Grund seines Dienstverhältnisses Waren oder Dienstleistungen, die vom Arbeitgeber nicht überwiegend für den Bedarf seiner Arbeitnehmer hergestellt, vertrieben oder erbracht werden und deren Bezug nicht nach § 40 pauschal versteuert wird, so gelten als deren Werte abweichend von Absatz 2 die um 4 vom Hundert geminderten Endpreise, zu denen der Arbeitgeber oder der dem Abgabeort nächstansässige Abnehmer die Waren oder Dienstleistungen fremden Letztverbrauchern im allgemeinen Geschäftsverkehr anbietet. 2 Die sich nach Abzug der

vom Arbeitnehmer gezahlten Entgelte ergebenden Vorteile sind steuerfrei, soweit sie aus dem Dienstverhältnis insgesamt 2400 DM im Kalenderjahr nicht übersteigen.

§ 40a Pauschalierung der Lohnsteuer für Teilzeitbeschäftigte

(1) 1 Der Arbeitgeber kann unter Verzicht auf die Vorlage einer Lohnsteuerkarte bei Arbeitnehmern, die nur kurzfristig beschäftigt werden, die Lohnsteuer mit einem Pauschalsteuersatz von 25 vom Hundert des Arbeitslohns erheben. 2 Eine kurzfristige Beschäftigung liegt vor, wenn der Arbeitnehmer bei dem Arbeitgeber gelegentlich, nicht regelmäßig wiederkehrend beschäftigt wird, die Dauer der Beschäftigung 18 zusammenhängende Arbeitstage nicht übersteigt und

1. der Arbeitslohn während der Beschäftigungsdauer 120 Deutsche Mark durchschnittlich je Arbeitstag nicht übersteigt oder
2. die Beschäftigung zu einem unvorhersehbaren Zeitpunkt sofort erforderlich wird.

(2) 1 Der Arbeitgeber kann unter Verzicht auf die Vorlage einer Lohnsteuerkarte bei Arbeitnehmern, die nur in geringem Umfang und gegen geringen Arbeitslohn beschäftigt werden, die Lohnsteuer mit einem Pauschalsteuersatz von 20 vom Hundert des Arbeitslohns erheben. 2 Eine Beschäftigung in geringem Umfang und gegen geringen Arbeitslohn liegt vor, wenn bei monatlicher Lohnzahlung der Arbeitslohn 630 Deutsche Mark oder bei kürzeren Lohnzahlungszeiträumen wöchentlich 147 Deutsche Mark nicht übersteigt.

8.7 Jugendarbeitsschutzgesetz (JarbSchG)

Beschäftigung von Kindern

§ 5 Verbot der Beschäftigung von Kindern
(1) Die Beschäftigung von Kindern (§ 2 Abs. 1) ist verboten.
(2) Das Verbot des Absatzes 1 gilt nicht für die Beschäftigung von Kindern
1. zum Zwecke der Beschäftigungs- und Arbeitstherapie,
2. im Rahmen des Betriebspraktikums während der Vollzeitschulpflicht,
3. in Erfüllung einer richterlichen Weisung.

Auf die Beschäftigung finden § 7 Satz 1 Nr. 2 und die §§ 9 bis 46 entsprechende Anwendung.
(3) Das Verbot des Absatzes 1 gilt ferner nicht für die Beschäftigung von Kindern über 13 Jahre mit Einwilligung des Personensorgeberechtigten, soweit die Beschäftigung leicht und für Kinder geeignet ist. Die Beschäftigung ist leicht, wenn sie auf Grund ihrer Beschaffenheit und der besonderen Bedingungen, unter denen sie ausgeführt wird,
1. die Sicherheit, Gesundheit und Entwicklung der Kinder,
2. ihren Schulbesuch, ihre Beteiligung an Maßnahmen zur Berufswahlvorbereitung oder Berufsausbildung, die von der zuständigen Stelle anerkannt sind, und
3. ihre Fähigkeit, dem Unterricht mit Nutzen zu folgen, nicht nachteilig beeinflusst. Die Kinder dürfen nicht mehr als zwei Stunden täglich, in landwirtschaftlichen Familienbetrieben nicht mehr als drei Stunden täglich, nicht zwischen 18 und 8 Uhr, nicht vor dem Schulunterricht und nicht während des Schulunterrichts beschäftigt werden. Auf die Beschäftigung finden die §§ 15 bis 31 entsprechende Anwendung.

(4) Das Verbot des Absatzes 1 gilt ferner nicht für die Beschäftigung von Jugendlichen (§ 2 Abs. 3) während der Schulferien für höchstens vier Wochen im Kalenderjahr. Auf die Beschäftigung finden die §§ 8 bis 31 entsprechende Anwendung.
(4a) Die Bundesregierung hat durch Rechtsverordnung mit Zustimmung des Bundesrates die Beschäftigung nach Absatz 3 näher zu bestimmen.
(4b) Der Arbeitgeber unterrichtet die Personensorgeberechtigten der von ihm beschäftigten Kinder über mögliche Gefahren sowie über alle zu ihrer Sicherheit und ihrem Gesundheitsschutz getroffenen Maßnahmen.
(5) Für Veranstaltungen kann die Aufsichtsbehörde Ausnahmen gemäß § 6 bewilligen.

Reihe Produktionspraxis

In dieser Reihe bereits erschienen:

Bastian Clevé
Wege zum Geld
Film-, Fernseh- und Multimedia-Finanzierungen
4., überarbeitete Auflage 2000
256 Seiten. Broschiert
ISBN 3-88350-907-8
Produktionspraxis 1

»Wege zum Geld« stellt die unterschiedlichen Finanzierungsmodelle dar, die zur Zeit in Deutschland bei Film-, Fernseh- und Multimediaproduktionen praktiziert werden. Dabei richtet der Autor sein Augenmerk sowohl auf Produktionen der öffentlich-rechtlichen und privaten Sender als auch auf die Produktion von Kinofilmen. Dazu gehört die deutsche Filmförderung ebenso wie internationale Finanzierungsinstrumentarien.

Bastian Clevé (Hg.)
Investoren im Visier
Film- und Fernsehproduktionen mit Kapital aus der Privatwirtschaft
2., überarbeitete Auflage 2000
301 Seiten. Broschiert
ISBN 3-88350-906-X
Produktionspraxis 2

»Investoren im Visier« betrachtet den deutschen und amerikanischen Film einerseits aus der Perspektive von Investoren, die mit der Branche nur am Rande vertraut sind und finanzielle und steuerliche Aspekte in den Vordergrund rücken. Andererseits soll aber dem Film- und Fernsehproduzenten geholfen werden, potentiellen Investoren die Chancen dieses Geschäfts nahe zu bringen. Entsprechend beschäftigt sich der Autor mit dem Business-Plan, mit dem der Produzent zukünftigen Investoren und Partnern die Entscheidung erleichtert.

Bastian Clevé (Hg.)
Von der Idee zum Film
Produktionsmanagement für Film und Fernsehen
215 Seiten. Broschiert
ISBN 3-88350-901-9
Produktionspraxis 3

Die Arbeit des Produktionsmanagements befasst sich mit dem organisatorischen Rahmen, in dem Regisseur, Schauspieler und Crew ihre künstlerische Arbeit vollbringen. Der Band gibt einen umfassenden Überblick über die organisatorischen, finanziellen und juristischen Bereiche, die mit der Herstellung eines Fernseh- oder Kinofilmes verbunden sind.

Friedrich Kohle/ Camilla Döge-Kohle
Medienmacher heute
213 Seiten, 35 s/w-Abbildungen. Broschiert
ISBN 3-88350-903-5
Produktionspraxis 4

Dieser Titel bietet Berufseinsteigern und interessierten Laien die Möglichkeit, sich anhand von Interviews – mit Produzenten, Regisseuren sowie Mitarbeitern im Vertrieb, Verleih und anderen Dienstleistungsbereichen – ein Bild vom Geschäftsalltag in der deutschen Film- und Fernsehindustrie zu machen.

Der Herausgeber

Prof. Bastian Clevé, Autor und Herausgeber der Reihe Produktionspraxis im Bleicher Verlag, war Produzent und Regisseur in Los Angeles und leitet jetzt den Studiengang PRODUKTION an der Filmakademie Baden-Württemberg in Ludwigsburg.

HERAUSGEGEBEN VON PROF. BASTIAN CLEVÉ

Manfred Auer
Top oder Flop?
Marketing für Film und Fernsehen
182 Seiten. Broschiert
ISBN 3-88350-904-3
Produktionspraxis 5

Auch die Vermarktung filmischer Software folgt bestimmten Gesetzmäßigkeiten. Diese Regeln sollen in diesem Buch hergeleitet und mit Praxisbeispielen angereichert werden. Ein Beitrag zur Wettbewerbsfähigkeit des deutschen Films an der Schwelle zum 21. Jahrhundert.

Andree Kauschke/ Ulrich Klugius
Zwischen Meterware und Maßarbeit
Markt- und Betriebsstrukturen der TV-Produktion in Deutschland
260 Seiten. Broschiert
ISBN 3-88350-905-1
Produktionspraxis 6

Zum ersten Mal beschäftigt sich ein Buch mit den eigentlichen Machern des Fernsehens, mit den TV-Produzenten. Es liefert eine umfassende und auf Insiderwissen basierende Bestandsaufnahme der Markt- und Betriebsstrukturen dieser ausgesprochen lebendigen Branche. Zahlreiche Abbildungen, Dokumente und Anlagen runden das Thema ab und machen den Band zu einem unentbehrlichen Arbeitsinstrument für die Praxis.

Weitere Titel in Planung:

Wolfgang Brehm
Alles was recht ist
Handbuch Medienrecht
ISBN 3-88350-908-6
Produktionspraxis 8

Diese praxisorientierte Buch widmet sich besonders der Vertragsgestaltung zwischen Filmmitwirkenden und Produzenten und beschäftigt sich außerdem damit, welche Rechte zu welchen Bedingungen erworben bzw. frei benutzt werden können.

Michael Schneider
Vor dem Dreh kommt das Buch
Aus der Werkstatt des filmischen Erzählens
ISBN 3-88350-910-8
Produktionspraxis 9

Anhand zahlreicher Filmbeispiele werden die dramaturgischen Kunstkniffe, dramatischen Techniken und psychologischen Charakterbilder, auf die es beim Verfassen eines Drehbuchs ankommt, anschaulich belegt.

Thomas Mulack
Trick siebzehn
Spezialeffekte in Deutschland
ISBN 3-88350-911-6
Produktionspraxis 10

Wer ist zuständig für die Planung und Realisation von Spezialeffekten? Welche Techniken setzt man wann ein, um ein optimales Ergebnis zu erzielen? Was kosten Spezialeffekte und wie budgetiert man sie? – Diese und andere wichtige Fragen werden anhand von Praxis-Beispielen beantwortet.

Erhältlich in Ihrer Buchhandlung.

Bleicher Verlag
70826 Gerlingen